学会
洞察行业

写好分析报告的
6堂实战课

Industry Insights
Handbook

王煜全 —————

著

北京联合出版公司
Beijing United Publishing Co.,Ltd. · 喜马

你是否希望对行业的
发展趋势和竞争对手
了如指掌？

START

I

**热身运动：
给自己设定一个目标**

· 确定分析对象
· 明确分析目的
· 给行业下定义，简单吗？

行业分析心法第一课：
如何判断产业机会是否来临？

3

**搜集情报：
事实是分析的基础**

· 分析师的基本功——情报搜集
· 重要信息别遗漏！
· 发现所有不正常的信息
· 超前指标和滞后指标
· 找到关键人物
· 想深入了解企业？学学尽职调查
· 梳理资料，查漏补缺

2

**提出假设：
它是你的行动方向**

· 探寻问题的边界
· 把问题拆分到最小
· 相互独立，完全穷尽
· 大胆假设，小心求证
· 选定分析内容

行业分析心法第三课：
如何辨别情报或观点的真假？

行业分析心法第二课：
怎样判断科技公司是大牛还是忽悠？

END

反复练习　真正掌握

定期复盘　总结经验

完成行业
分析报告

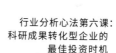

5

展示结果，验证结论

· 金字塔原则

· 验证结论，迭代分析

· 专注! 专注! 再专注!

4

研究分析，深入浅出

· 构建分析基本框架

· 用科学的分析方法指导工作

· PEST分析法

· 比较研究法之纵向对比

· 图表的力量

· 比较研究法之横向对比

· 注意行业生命周期

· 从波特五力分析模型到合作

　　竞争模型

· SWOT分析法

· 产业链分析（一）

· 产业链分析（二）

· 重点企业分析之3C分析模型

· 四象限分析

行业分析心法第六课：
科研成果转化型企业的
最佳投资时机

行业分析心法第四课：
行业分析重中之重——产业链分析该怎么做？

行业分析心法第五课：
"韦小宝法则"教你判断一个团队靠不靠谱

你为什么需要这本书

1

随着社会的急剧变迁，我们现在经常听到一个词——"焦虑"。

我们每一个人、每一个群体，甚至每一家企业，都觉得社会和经济发展的速度还是太慢，自己的公司发展得太慢，就连自己本身的生活也还是改变得太慢。我们为升职焦虑，为财富积累焦虑，为下一代的教育焦虑，为买房焦虑，为炒股焦虑，为看病、养老焦虑……这个社会仿佛一下子进入了一台蒸汽机，每个人都被焦虑的烟雾笼罩着。

这种焦虑并非个别现象。硅谷著名投资人彼得·蒂尔在他的著作《从0到1》中写到，中国人对于未来拥有着明确的悲观，他们相信未来是可知的，但却是暗淡的，中国人或许是最典型的对未来的明确主义者。书中说："富有的中国人正努力把自己的财产转移出国，贫穷一些的则能省就省，以求储备充足。中国各阶层人士都对未来严阵以待。"

我们为什么焦虑？一个原因是，这个世界还不够好。看病难、房价太贵、空气污染、子女上学难、养老难……这些问题都很有可能成为压死骆驼的最后一根稻草。

但是，另外一个原因更为糟糕——**焦虑来源于对陌生的未知**，人们心里相信未来会越来越糟，并且相信未来会按照自己的预期糟糕下去，即使他们根本不知道未来会怎样。

破除焦虑的最好方法，就是明确地看到未来，并且为未来做好准备。如何看到未来，也就是摸清未知领域、拓展认知边界的方法，是决定你能否在严酷的环境中生存的关键因素之一。

未知往往伴随着恐惧。面对未知，一种人会恐惧，但他又不想办法，只能在恐惧中无知地活着；还有一种人，他会拼命地探索未知的区域，为未来做好准备，看到了已知的未来，也就不再恐惧。你愿意做哪一种？

2

罗马尼亚裔美国物理学家巴拉巴西在其著作《爆发》中说，人类行为93%是可以预测的，决定我们命运的是那为数很少的关键点。

人生道路上有很多命运抉择点——大学学什么专业，毕业后从事什么行业，投资哪一只股票……面对这些分岔口，向左走还是向右走，或许在迈出第一步时没什么差别，但是随着时间的推移，差别会越拉越大，一步之差，可能走向一马平川，也可能走向万丈深渊。

如何才能做出正确的抉择？

面对未知，我们的抉择往往不靠谱——不是靠猜测，靠直觉，就是靠道听途说。但是，如果你能更清楚地看到未来的世界会如何发展，你就能做出更理性的抉择。**未来不是无据可循，掌握一定的研究方法，你就能看到一个行业的发展脉络，而各个行业的加总，就构成了这个世界的发展脉络。**掌握一定的方法和技巧，你就能利用已知的信息，抽丝剥茧看到未来。

3

我在创立海银资本之前，有另一个身份——弗若斯特沙利文（Frost & Sullivan）咨询公司（以下简称"沙利文公司"）中国区总裁。

我在大学毕业后就开始创业，第一份工作就是咨询。因为我的专业是生物，所以起初从医药咨询开始做起。1998年，我们遇到了沙利文公司——一家位于硅谷、致力于研究全球企业成长的咨询公司。与沙利文公司合资后，我们的业务逐渐拓展到电信、信息技术、电子设备等领域。

如果你对咨询行业有一些了解，你就会知道，行业分析师常常会接到这样的要求——在一周甚至更短的时间内，摸清一个未知的行业或领域。

在如此紧张的时间里要摸清一个行业，还要找到其中存在的问题，并且提出解决建议，可能吗？

可能！一周的时间虽然无法让一个外行成为行业内的顶尖专

家，但足以了解一个行业的全局，了解这个行业的发展历史和未来一段时间的发展趋势，并且在这个行业内顺利地开展工作。

4

你可能会奇怪，这些分析师有什么本事，能在这么短的时间内迅速摸清一个陌生的领域呢？他们当中大多数只是刚从商学院毕业的学生，即使他们有一定的从业经验，也不可能把那么多行业都吃透吧。那些企业家凭什么听他们的建议呢？

的确，没有一点"套路"，行业分析师很难下手工作。从对一个行业基本了解，到发现问题提出假设，到调查取证，到论证观点得出结论，再到结论呈现，每一步都有独特的方法和诀窍，帮助分析师迅速地切入一个领域，发现问题并解决问题。

这一套做调查、分析、研究的方法，融在每一个分析师的血液中，当遇到问题时，他们会习惯性地使用这样的方法来解决问题。**这套"解题思路"不仅帮助分析师解决了很多工作上的难题，而且让他们比一般人看得更高、更远。他们看到的，是五年，甚至十年之后的世界，并且早早地为未来十年做好了准备。**

你可能还记得，我最初从事的是医药咨询，后来转型做电信咨询，医药和电信相差非常之大，几乎没有任何交集。虽然行业千差万别，但分析思路万变不离其宗。正是凭借科学的行业研究方法，我们才能顺利地把握全球各个产业的发展脉络，才能清楚地看到这个世界的走向趋势，为之后做投资打下基础。

5

如果你还在对未来迷茫，还没有丧失探索未知领域的好奇心，你不应该错过本书。本书为你系统地梳理了行业研究的基本方法和思路，并且辅以最新的商业案例，让你更轻松地理解并运用所学。读完这本书，并完成书中所有的任务，你将掌握一套完整的行业分析需要的正确"姿势"。

更重要的是，本书提到的研究方法，比如，如何分解复杂问题、如何判断情报的准确度、如何将企业走访效率最大化，等等，都会成为你在日常工作、生活中的得力助手。**无论你做职业规划，还是做企业采访，或是为了个人投资、寻找创业方向，本书都会帮助你做出更正确的选择，让你最大化地减少时间、精力、金钱的浪费。**

本书每个章节都有一节"行业分析心法"专题。这些心法是我把过去20年做产业分析、投资的经验总结而成的技巧，它们像是一条条"捷径"。产业观察是一场持久战，持久的专注才能让你看得更准。有了这些"捷径"，你就能在分析产业、企业时更快地上手，更准确地做出判读。

6

"创新"是今天一个非常热的词，新的技术、新的行业、新的商业模式日新月异。每个人、每家企业都岌岌可危，因为这个世界变化得太快，如果不能迅速获知各路信息，就会被不知道从哪里半路杀出的技术或企业干掉，就连每一个人，也有被技术取代的风险。

我们看得最清楚的是银行业。20年前，我们经常在发薪日跑去银行，取回下个月的生活费用；出门买东西，店铺老板也经常因为没有零钱找零而发愁。今天，我们出门甚至可以不带一张纸币，只要带上手机，买东西的时候用手机扫一下二维码就可以支付了；支付金额可以精确到分，商家也不用为了找零而发愁。不仅是支付，理财、存钱、还信用卡、交水电费等各种功能，都可以用支付宝或者微信支付实现。银行对于普通人的存在价值，似乎只有发薪日那张工资卡了。银行的存在感就这么一点一点被技术削弱。

下一个被替代的是谁？在不远的未来，汽车司机可能会被自动驾驶替代，快递员可能会被机器人和无人机替代，初级文员、律师、会计会被人工智能替代，客服、秘书可能会被智能机器人替代……

与此同时，很多新的行业又在崛起，它们正在从底层改变这个世界。看清未来，做好准备，就不会再焦虑。希望本书能够帮助你掌握科学的窥探未来的思路，形成独立思考的习惯，看到更远的未来。

目 录
CONTENTS

完成所有的任务，你将会获得：

· 资料搜集与整理能力

· 分析方法与分析能力

· 独立思考的能力

· 钻研与细节处理能力

· 沟通技巧以及交流与沟通能力

· 对一个行业的深入了解与洞见

动手之前，先来烧烧脑

在翻开下一页之前，先来动动脑，思考几个问题：

· 你对什么行业或技术感兴趣？

（举个例子：对区块链技术感兴趣！）

· 为什么对这个行业感兴趣？

（身边好多人买比特币赚了好几倍！想知道它的底层技术为什么有

如此大的魅力。）

· 有没有接触过这个行业？

（有！刚刚买了1个比特币！）

· 对这个行业有怎样的了解？

（了解不多，只知道区块链技术衍生出了很多种虚拟货币，投资风

险较高。）

·你希望了解到什么信息？

（希望知道区块链的应用现状及投资前景。）

·有没有认识的该行业的专业人士？针对你的疑问，他们能否提供一定的帮助？

（认识一些做区块链应用的公司高管以及高校里做相关研究的科研人员，他们随时可以解答我的疑问。）

上面的问题都有答案了吗？如果你已经有了答案，我们就马上开始新的旅程吧！

第一章

热身运动：给自己设定一个目标

我们在着手一个任务之前，首先要做的就是明确目标。无论你是以创业者、职场新人还是其他任何身份进入一个行业，抑或是你在当前的行业中遇到发展瓶颈，要找到问题的突破方向，你都要对这个行业有新的、动态的、全景式的审视。

保持对行业的最新认识有多重要？我们来看个例子，2000～2010年可谓是中国煤炭行业的黄金十年。20世纪初，煤炭行业在以鄂尔多斯为首的煤炭大市迅速膨胀，为全国提供源源不断的动力，鄂尔多斯的经济增长速度一度逼近两位数。2000年之后的鄂尔多斯，经济总量隔一两年就翻一番，走在鄂尔多斯的马路上，悍马、路虎等豪车随处可见。

然而，从2013年开始，煤炭行业逐渐开始走下坡路，煤炭价格下跌，煤化工产品过剩，加上鄂尔多斯的楼市崩盘，这座曾经被视为"中国的迪拜"的城市，如今正经历着产业转型的阵痛。

如果在十年前你进入了煤炭行业，那你可能风光一阵子，但如果在五年前你进入了煤炭行业，这并非一个很好的选择。在看得见的未来，光伏、风能等新能源正在走上历史的舞台。

在当今这个急速变化的世界，没有哪个行业是一成不变的，今天看似一片红火的产业很可能在五年内就不复存在，而一些默默无闻的新行业有可能异军突起。如果不能搞清楚某一行业究竟是做什么的，不了解自己的处境，常常会使自己陷于危险的境地。

今天，全球最大的用车公司优步（Uber）旗下没有一辆车，全球最大的住宿供应商爱彼迎（Airbnb）不持有一处房产，全球最火的媒体脸书（Facebook）本身不产生内容，全球最大的零售电商阿里巴巴没有一件商品库存。以上企业对所处行业的颠覆往往在最近几年才出现，所以看准趋势非常重要，而这第一步，就是要明确目标行业的定义、确定你的分析目的。连行业是干什么的都不知道，何谈对它的深刻认识呢！

本章的最后将为你呈现行业分析心法第一课"如何判断产业机会是否来临？"。无论是创业、就业、投资，过早进入一个行业常常会因为时机不成熟而失败，过晚进入一个行业又容易错失良机。这一课将教会你如何在恰当的时机抓住机遇。

本章核心目标	明确分析对象和分析目标
本章核心技能	通过练习本章节内容，你将： 1. 学会从多角度对一个行业有全景式、动态的认识 2. 掌握行业定义的两大关键要素 3. 学会界定行业分析目的的基本方法
难　　度	★★
行业分析心法第一课	如何判断产业机会是否来临？

01 确定分析对象

现在，我们开始行业分析的第一步：确定你要分析的行业。

在这个过程中，你要在脑海中勾勒出对这个行业的定义，至少知道这一行是做什么的，能够满足人们的哪些需求，回想自己对这个行业的了解程度，尽可能列出这个行业的特点。

这有点像追求心仪的女孩。首先，你最起码要确定一个真实的、具体的追求对象。其次，你还要明确地知道她的哪一种特质最吸引你，是温柔婉约、善良大方，还是热情豪爽、待人真诚。你要思考对她有多少了解、她喜欢什么，知己知彼，你才能展开正确的恋爱攻势。

选择一个你想要分析的行业。如果你很少或从来没有接触过行业研究，不妨从你熟悉的行业开始。

小试牛刀

你要分析的行业是什么? 它有怎样的发展历程? 请写下你的答案。

进度: 进行中☐　完成☐

确定你要分析的行业:

该行业的发展历程简述:

人类历史最大的转折是什么呢？
是科技革命。
工业革命造成了东西方的差距，
这体现了科技的价值。

02 明确分析目的

确定目标行业之后，你需要明确分析目的。你好不容易找到了自己心仪的姑娘，爱得死去活来，但还是要扪心自问，是希望与她白头偕老，还是仅仅逢场作戏。同样的道理，你确定了分析对象，还要确定为什么要分析它，用分析结果来做哪方面的指导，目标受众是谁。

怎样确定分析目的呢？先举几个例子：

- "2018年中国自动驾驶产业展望"
- "2017年全球太阳能市场分析"
- "2017年第一季度VR /AR 融资情况"

或许你已经发现，上面三个题目都限定了研究的时间范围（2018年、2017年、2017年），并且明确了研究对象（自动驾驶、太阳能、VR[1]/AR[2]），甚至是研究的细分领域（市场、融资情况）。没错，分析目的不需要过于宏观，它常常伴随着明确的时间、研究范围的限定。

分析目的非常重要，因为不同的行业分析目的对应了不同的分析内容。比如，一家咨询公司希望给政府或行业机构提供参

---

[1] 虚拟现实。

[2] 增强现实。

考意见，那么这家公司就需要从大处着眼，宽泛地分析整个大行业；如果是为了投资某家公司所做的行业分析，那么不光需要分析整个大行业，还需要分析目标公司所在的细分市场的状况和发展前景，甚至需要分析这家公司的具体情况。可见，分析目的对整个分析框架起到了决定性的作用。

一般而言，行业分析主要是为了发现行业机会点，明确优势，看清劣势。如果你没有行业分析的经验，建议先定一个小目标，不断磨炼自己的分析能力，然后再去挑战更大、更宏观的目标。

小试牛刀

你为什么要分析这个行业？你希望通过分析该行业达到什么目的？你的行业分析报告受众是谁？他们有怎样的特征？

进度： 进行中☐　完成☐

通过分析该行业，你希望达到的目的是：

_____

_____

_____

_____

_____

_____

你的行业分析报告受众是：

_____

_____

_____

_____

_____

_____

你的分析报告受众的特征是：

··

··

··

··

··

··

科研不直接推动世界进步，
改变我们每个人的生活才能推动社会进步。
把高校的科研成果转化成产品，才能让社会进步，
做这件事的人不是科学家，是企业家。
掌握先进科技的企业家，才是第一生产力。

03 给行业下定义，简单吗？

给一个行业下定义不是一件简单的事，甚至是一件很复杂、很困难的事。

你可能会想，不对啊！网上很容易就能找到行业的定义和分类，怎么会困难呢？

仔细思考一下，除了少数那些十几年甚至几十年如一日的行业外，所有对某一行业的定义和分类有完全统一的认识吗？有几年甚至十几年不变的完全统一的认识吗？

举个例子，你如何来定义汽车行业？

对于汽车制造商来说，为了进行战略定位和战略规划，就需要最大化地描述汽车的用途。这里的汽车，就是一种使用化石燃料或其他清洁能源的自动化交通工具。

对于消费者来说，汽车仅仅是出行方式的可选项之一，它更多承载的是一种移动的功能，把汽车定义为移动解决方案毫不为过。

对于投资人来说，最重要的是让资本升值，自动驾驶和车联网显然是这个群体更关心的话题……

你看，同样一个行业，对于不同的人，针对不同的目的，定义和侧重点完全不同。相信你这时候不会觉得给行业下定义是一件简单的事，也不是一蹴而就的事了。

那么，究竟如何来定义一个行业呢？有两个要素需要把握：一是研究目的，二是产品定义。

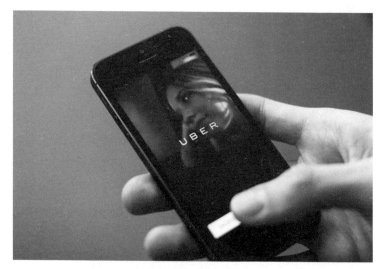

你如何定义优步（或者滴滴）？

为什么定义行业还要看研究目的呢？如果你能根据研究目的来下定义，那么你的定义将更精准地服务于这份研究报告的阅读对象。研究目的或许并不能让你直接做出一个清晰的定义，但它绝对是定义行业时的关键要素。它的意义在于提醒研究者，行业定义其实并不仅仅是给一个说明，让读者明白你研究的是什么那么简单，它更主要的是作为你行业分析的根本方向，引导你做出整个研究的基础和框架。

另一项要素就是产品定义。行业分析一定首先要说清楚是提供什么产品或者服务的，如果单纯以产品或技术本身来定义行业很难正确地辨别出行业发展的根本基础时，你还需要结合市场情况来对这个行业下定义。

定义是对一个行业的本质最高度的概括，而本质只能通过现象去把握，因此随着掌握的现象越来越多，思考越来越多，对本质的认识就会越来越准确。不同角度和不同目的的考察也会对本质有不同的认识。

小试牛刀

写下你对所要分析的行业的定义，不够清晰也不要紧。在之后的行动中，你会搜集到很多信息补充你对行业的认知，帮助你对一个行业下定义。你可以随时回过头来补充。

要点： 紧扣研究目的、产品定义两大要素。

进度： 进行中□　完成□

你所要分析的行业是：

对它的定义是：

这个时代的特色是基于长板理论的积木式创新。

小企业利用自身的科技优势，

可以和大量互补的小企业合作。

用长板对接长板，共同制作一只新的木桶。

如何判断产业机会是否来临？

对于创业者来说，一个无法逃避的问题是，这个产业是否已经成熟，机会是否已经来临，自己能否进入。

小米的创始人雷军说过，无论是什么时代，只要站在风口，猪都能飞起来。但猪想要飞起来，也要看风口什么时候来、自己是不是太重还没飞起来就摔下去了。风来得比预期早，猪很可能就失去了飞起来的机会。风来得比预期晚，猪可能等了太久饿死了。

那么，如何判断一个产业是否已经成熟，或者产业机会是否来临呢？主要可以从以下四个方面来判断：技术是否成熟、产业链是否完备、市场是否有潜力、竞争是否有壁垒。

技术是否成熟

如果技术不能满足，即使你发现了一个巨大的市场需求，整个产业也是无法成立的。

举个例子，我们喊了这么多年的虚拟现实元年，为什么一直没有实现？

暂且不论外部因素，一个很重要的内因就是，虚拟现实的底层技术尚未完全成熟。

在判断VR技术是否成熟之前，先要搞清楚VR技术有哪些指标。VR技术的关键指标包括屏幕刷新率、屏幕分辨率、延迟和设备计算能力等。这些指标目前只能说基本达标，但远远称不上成熟。

例如，虚拟现实体验上的一个最大问题就是眩晕感，也就是我们常说的晕动症。用户在体验VR内容的过程中，可能会有强烈的眩晕感、疲劳、眼花、恶心，等等，这些都是晕动症的症状。这主要是由于VR头显本身的刷新率、闪烁、陀螺仪等引起的高延迟问题导致的眩晕感。虽然一些高端设备在不同程度上解决了眩晕感的问题，但因体验者自身身体状况、适应能力的影响，还是无法完全避免眩晕感的产生，体验者连续佩戴的时间可能无法超过30分钟。

这个问题造成的严重后果是，不仅使用户无法长时间沉浸于虚拟世界中，而且使用户的重复使用率变得极低。如果不解决这个问题，VR设备基本上成了摆设。

另一个非常大的制约因素就是5G网络的支持。VR一个巨大的需求是游戏，然而要想流畅地体验游戏，避免因为网络延迟造成的糟糕的用户体验，5G网络带宽的强大支持是必不可少的。然而，从高德纳（Gartner）技术曲线可以看到，5G的全面普及大约还需要一段时间（见图1-1）。这些都充分证明，虚拟现实产业距离真正爆发还有相当一段距离。

细心的你可能发现了，图中对5G技术的普及时间预期是5～10年，但VR的时间预期是2～5年，而且VR在整个曲线的最前端，底层的网络支持怎么能比上层技术来得还要晚呢？这显然是不合理的。在2017年的国际消费电子展（CES）大会上，高通已经发表了 5G 的主题演讲，在中国和日本，5G 的实验正在如火如荼地展开。按照中国三大电信运营商的计划，将在 2018 年迈出 5G 商用第一步，并力争在 2020 年实现 5G 的大规模商用。种种迹象都表明，5G 有望在 2 ~ 5 年内实现，高德纳技术曲线对于 5G 的预期过晚。

我们再围绕高德纳技术曲线做一些延伸分析。技术曲线图上，紧随 VR 其后的是 AR 技术，但是 AR 技术的成熟度预期在 5 ~ 10 年，这个预期有待商榷。微软已经在 2015 年发布了 Hololens 开发者版，AR 初创企业 Meta 也在 2016 年开始发售 Meta 2 开发者版。在 2016 年的 CES 大会上，英特尔与 AR 公司 Daqri 合作推出了增强现实智能

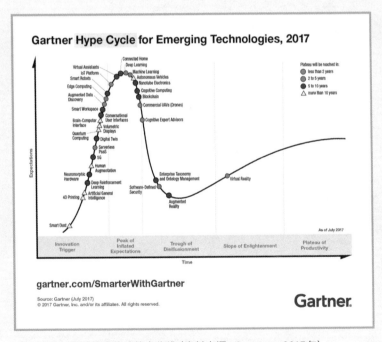

图1-1 新兴技术的成熟度曲线（资料来源：Gartner，2017年）

头盔Smart Helmet，还有众多初创公司进军AR领域，AR头盔进步巨大。因此，我们有理由乐观地相信，AR将在2～5年内成熟。

另外，技术曲线上没有标出MR（混合现实）。实际上，MR近年来发展迅速，蛰伏了多年的Magic Leap在2017年底发布了它的第一台MR设备。我们预期，随着苹果、谷歌、微软等公司在硬件、软件上的推动，加上MR的巨大行业需求，以及MR在行业应用中的算法可以节省流量，MR会比VR更快爆发。

所以要认识到，高德纳曲线本身没有问题，但高德纳每次在曲线上发布的那些技术点时间预期是不完全准确的，要结合其他数据和自己对产业的观察做出理性判断。

产业链是否完备

如果确定技术已经成熟，下一步要确认的就是产业链是否完备，特别是是否足够开放。

在很多情况下，即使技术已经成熟，但产业链的重要环节缺失，整个产业同样也是无法实现突破的。

举个例子，你觉得一家美国创业公司有机会成为汽车制造商吗？如果你了解传统汽车制造行业的产业链，你就会发现，这家创业公司如果真想和汽车制造大厂硬碰硬，无疑是以卵击石，希望非常渺茫。

首先，汽车行业是一个非常封闭的行业，特别是在西方，各大车厂一般来说都是和自己的一级供应商（也被称作Tier1）合作研发。无论是车厂还是Tier1，它们绝大多数都称得上是百年老店，车辆当中最核心、最尖端的部件和技术都是由Tier1直接提供给车厂。

创业公司要想成为汽车制造商，只能去向Tier1购买这些核心部件，这直接决定了创业公司在造车这件事上竞争力不足。

其次，由于汽车对于安全性的要求非常高，所以汽车用到的所有部件都必须满足车规级[1]的质量要求。而要满足这些严苛的标准，也只有积累了多年的汽车部件尤其是各类电子控制单元的研发制造经验的Tier1才能做到，所以汽车制造商根本没有理由选择Tier1以外的零件供应商。

再次，汽车的供应链是非常复杂的，一辆燃油轿车内大约会安装3万个零部件，只有强大的供应链管理能力，才能实现量产与成本的平衡。对成本高度敏感恰恰是汽车部件的一个特点，成本性能满足不了市场需求的产品在量产方面必定会面临巨大的困难。而对于创新企业而言，它们承担供应链管理压力的能力非常弱，量产能力可想而知。

所以，很显然，汽车制造并不是创业公司适合切入的角度。

今天，很多创新公司都需要遵循一个理论："新木桶理论"，指的是每个人、每个企业都要有一块很长的长板，拿自己的长板去和别的长板合作。这意味着，创业公司不需要懂得企业经营的方方面面，但必须有一个特别擅长的专项，要么技术特别强，要么做市场特别强，要么特别懂用户，然后和其他长板双向选择、对接，共同拼成一只木桶，形成互利共赢的局面。

在这个协作生态中，如果有关键环节被人掌控无法开放，甚至产业里的所有木板都被限制、不能自由组合，那么木桶是拼不起来的。

---

[1] 车规级一般是指符合美国汽车电子协会AEC-Q100标准的元器件产品。

市场是否有潜力

很多技术确实是出身名门，听上去也非常"高大上"，但是小心一个陷阱：如果这个技术过于阳春白雪，找不到合适的应用场景，那它也是没有市场潜力、更谈不上产业机会的。

举个例子，你可能知道，东芝在大容量、小尺寸硬盘方面有着世界领先的独特技术，然而在 2000 年之前，这种尺寸的硬盘根本找不到应用场景，所以一直尘封在东芝的实验室里。

当时，MP3 播放器在市面上非常流行，但它们有一个巨大的问题：只能装十几首歌，因为它们的存储容量最多只有 128M。所以，大家听音乐的习惯是，电脑里存 1000 首歌，今天要听这 10 首，就把这 10 首拷到 MP3 里带走，明天想换 10 首，就重新拷。

所有人都习惯了这个办法，但是苹果公司的创始人乔布斯认为这是不合理的。他认为，MP3 应该存储 1000 首歌，想听什么都能随时听到。

为了实现这个理想，乔布斯在全世界找技术，最后发现东芝的大容量、小尺寸硬盘可以达到这个要求。随后，苹果推出了 iPod，大获全胜。后来，乔布斯和东芝还签署独家供货合同，iPod 热销后，苹果甚至把东芝的专利买断。

在 iPod 之前，东芝虽然掌握了这项技术，但没有应用场景，缺乏市场潜力，只能束之高阁。所以，当科技足够好，却没有找到应用时，科技是一文不值的，而应用足够好时，是可以反哺科技的。

竞争是否有壁垒

对于企业来说，竞争壁垒是最重要也是最容易被忽略的。一个巨大的市场机会出现时，如果缺乏竞争壁垒，往往会变成大家蜂拥而上、蓝海瞬间变红海的局面。

比如在人工智能领域，无论是机器学习还是深度学习，很多算法都是开源的。如果一家人工智能公司不能做到特定行业的数据垄断，那它和其他人工智能公司的技术能力就会趋于相同。就像众多自动驾驶创业公司，算法大同小异。更糟糕的是，大公司正在把自己的能力工具化，开放给其他人使用，这意味着初创公司即使一开始做得再好、再领先，后续也难以生存。

再比如，以模式创新为主的企业，往往对竞争壁垒认识不足，蓝海瞬间变红海的现象屡见不鲜，时下正热的共享单车就是如此。因为缺乏技术硬壁垒，所以市场上一度能看到红橙黄绿青蓝紫各种单车，竞争厮杀的激烈程度可想而知。

对于这种模式创新的企业而言，市场和用户就是它最大的壁垒。当它的用户足够多、市场份额足够大的时候，其他的竞争对手就很难再撼动它的地位。所以，这类企业之间的竞争策略往往是通过"烧钱大战"迅速挤占市场、获取用户，最后的结局必然是只有一两家独大，赢家通吃。

最后总结起来，判断一个产业的机会是否来临，需要考虑四个方面：技术是否成熟、产业链是否完备、市场是否有潜力、竞争是否有壁垒。如果对这四个方面都了如指掌，你再碰到一家企业的时候，就比较容易判断它究竟是在忽悠，还是有真材实料了。

第二章

提出假设：它是你的行动方向

　　我们在日常生活中常常会遇到很复杂的问题。这类问题往往是好几个小问题的组合体，这种时候该如何下手解决呢？

　　举个例子，很多人都希望自己能够积累更多的财富，但是怎么去实现这个目标呢？

　　其实，对于这个问题是没有一个简单的答案的，因为这个问题太复杂。一方面，造成自己财富积累速度慢的原因有很多，可能是薪水不高，可能是正在失业，也可能是开销过多；另一方面，针对不同的问题原因，解决方案也不尽相同。如果是正在失业，那最好的解决方案就是找一份工作；如果是花钱大手大脚，那就需要减少不必要的开支。这就意味着，对于复杂问题，绝非一个简单的答案就可以解决。

　　这种情况下，就需要将复杂问题拆分成一个个可以解决的小问题，进而提出假定的原因和解决方案。

　　在第一章，我们已经明确了要做的事——分析某个行业。但这个问题其实大得让人无从下手——分析这个行业的哪些方面？要解决什么问题？要给出什么样的指导或解决方案？……这些细碎的小问题其实都包含在第一章提出的大问题里。这一章会告诉你，面对一个复杂问题时该如何下手、如何找到问题的解决方向、如何提出假设，并以假设为驱动，来解决问题。

这套复杂问题的分解方法不仅可以帮你更好地分析某个行业，而且是一套"解题"思路。如果你在生活或者工作中遇到一些复杂的问题无从下手，它可以帮你找到"解题"的方向。

本章的最后将为你呈现行业分析心法第二课"怎样判断科技公司是大牛还是忽悠？"。如果你有心进入一家科技创新企业，又担心企业的创新能力不够，这一课将教会你如何找到竞争力强的科技创新企业。

本章核心目标	拆分问题，提出假设
本章核心技能	通过练习本章节内容，你将： 1. 学会界定问题的方法 2. 掌握拆分问题的技巧与原则 3. 学会在初步了解一个行业时如何快速提出自己的假设
难　度	★★★
行业分析心法第二课	怎样判断科技公司是大牛还是忽悠？

01 探寻问题的边界

你已经挑选了一个想要分析的行业，并且已经明确了自己的目标。这只是第一步，接下来我们需要界定问题。

我们做行业分析，大多数情况下是希望找到行业中存在的问题或机会增长点，进而提出相应的解决措施，那么弄清问题或机会所在就至关重要。

举个例子，如果你是一家自动驾驶初创公司的数据分析师，老板要求你做一份自动驾驶行业的分析报告，作为公司下一年的战略规划的参考基础，那么你要搞清什么问题呢？

通过理解老板的真正需求，你会发现，你要解决的核心问题是：公司有没有在竞争中取胜的机会，机会在哪里？

如果你的分析报告搞清楚了这个问题，那么这份报告就是有价值的。但想要搞清楚这个问题并不容易，因为它背后其实包含了很多个更细小的问题，这一步我们留在下一小节完成。

界定问题，也就是理清问题的范畴或脉络，不仅是分析行业时需要做的工作，也是其他工作中必不可少的步骤。界定问题一般包含了几个要素：

· 有没有/可不可能有问题或机会？

· 它在哪里？

· 为什么存在？

· 我们能做什么？

· 我们应该做什么？

前两个问题的答案可以帮你界定清楚问题，第三个问题则会推动你去寻找问题存在的原因，第四和第五个问题则决定了解决问题或抓住机遇的最佳办法。可以说，这五个问题贯穿了行业分析的整个过程，即发现问题、分析问题、解决问题。我们首先要做的，就是发现问题。

小试牛刀

你分析的行业中是否存在阻碍行业发展的问题？对于初创企业来说，有没有进入的机会？写下你的答案。

进度：进行中☐　完成☐

你所要分析的行业中，有没有阻碍行业发展的问题？
有☐　　　　　　没有☐　　　　　　尚未发现☐

你所要分析的行业中，对于创业者来说有没有进入的机会？
有☐　　　　　　没有☐　　　　　　尚未发现☐

按照你的研究目的，你需要搞清楚的问题是：

真正好的创业机会，
恰恰藏在没有被高科技覆盖到的传统领域。

知识进阶

孙正义的投资哲学

软银集团董事长兼总裁孙正义因为投资了阿里巴巴被中国人所熟知。更引人注意的，是孙正义与苹果公司创始人史蒂夫·乔布斯之间关于iPhone的一段故事。

iPhone曾是苹果最保密的项目之一，但是在2007年1月iPhone正式发布之前，孙正义就已经提前知道了这款产品的存在。孙正义早在考虑进军日本电信行业之际，就手绘了一部拥有电话功能的iPod，直飞苹果总部向乔布斯进行游说，希望苹果能够提供一件让他打赢当时日本第一的电信运营商NTT DoCoMo的产品。

当时苹果已经秘密研发iPhone达两年，乔布斯跟孙正义说："我不需要你的草图，我已经有一份自己的。"而孙正义则对乔布斯说："那我就不需要给你这张烂纸了，当你做好这件产品，请你交给我带到日本卖它吧。"

乔布斯当时的回应颇有惺惺相惜的感觉："正义，你非常疯狂。我们从来没有向人透露过，但你竟然拿着一幅草图来见我。我就将它交给你。"

这样一个简单的口头协议显然无法让野心勃勃的孙正义放心，他要求乔布斯为这个承诺签署书面协议。然而，当时的软银还没有自己的移动运营商，乔布斯也提醒了孙正义这一点。孙正义信誓旦旦地说："史蒂夫，你给我一个承诺，我亦会给日本一个新的电信运营商。"

孙正义没有食言，2006 年，软银以超过 150 亿美元的价格收购了沃达丰集团的日本子公司，一跃成为日本第三大移动运营商。

乔布斯也兑现承诺，给了软银在日本的 iPhone 独售权，软银因此获得了巨大的市场份额。2013 年的一项统计发现，66% 离开 NTT DoCoMo 的用户都转投卖 iPhone 的运营商；就算 NTT DoCoMo 开始售卖 iPhone，因受制于供货量不足，季度顾客流失量亦创下新高。

这段英雄惺惺相惜的故事流传至今，孙正义当时说了一句非常经典的话：iPhone 就是日本明治维新时的火枪。

明治维新的火枪意味着什么？拥有火枪这种先进武器的新军阀，干掉了曾经以武士精神而自豪的武士阶层。那些武士迄今为止都是日本精神的象征，但再可贵的优秀品质，也比不上手持火枪、像机器人一样行动的新军阀人类。

所以孙正义的意思很简单：我拥有了最先进的武器，才能打赢这场仗。

孙正义深谙科技的发展和运用之道，前瞻性的眼光使他做了很多令人钦佩的预判。

1999年，当亚洲还没有电商这个概念的时候，马云拿着阿里巴巴的商业计划书四处碰壁。也是在这个时候，孙正义与马云第一次见面，两人畅谈电子商务的未来。基于对电商前景的判断，孙正义决定投资阿里巴巴2000万美元，当马云在纽约证券交易所敲钟的那一刻，没有任何人怀疑孙正义的判断。

2012年初，孙正义收购了一家叫作Aldebaran Robotics的法国公司，进军机器人领域。随后在2017年6月，软银又收购了谷歌旗下的波士顿动力公司，将公司进一步进行整合。他的理由非常简单：在未来世界，机器人将会占有非常重要的地位。现在，日本已经进入了老龄社会，这个趋势正在不可逆转地席卷全球。一旦进入老龄社会，就必然需要大量的机器人，承担给人养老的职责，充当劳动力。今天，软银已经有两款机器人接近量产，而且市场接受度最高。

2016年7月，孙正义以320亿美元巨资收购了英国芯片设计公司ARM，这一次是基于对物联网和人工智能的发展趋势的判断。他说，我相信"奇点"一定会到来。在20年或30年的跨度上，基于人工智能的"超级智能"将会拥有远远超越人类的智力，而且只要超出，就会与人类拉开无法逆转的差距。

纵观孙正义的职业发展历程，他总是走在运用科技的最前沿。他曾经将自己的行动理念，简短地概括为五个字："道天地将法"。

所谓"道"，就是利用信息革命让人们愉快，这是软银的整体使命。软银所有人都曾听说过这点，并熟知这点。

所谓"天"，指的是时机，在特定时机下有着特定的机会。所有成功的人，都是在对的时间做了对的事。当代人很幸运能生活在这样一个由科技带来的充满不确定性的时代，现在独特而巨大的机会，就在于利用先进科技去改造或颠覆现有的行业。只有持续地跟踪观察，深入了解一个行业，并且积极地成为科技的最先使用者，才有可能成功。

所谓"地"，说的是地形优势。时代正在改变，互联网的重心正在转向亚洲，过去的20年间，软银也在亚洲投资了不少互联网公司，例如阿里巴巴和人人公司。

所谓"将"，就是优秀的领导者。没有任何事可以独力完成，软银也储备了大批优秀的领导者。

所谓"法"，指的是为了持续取得成功，不断驱动创新，需要设计一套科学的系统，让这样的成就反复实现。软银使用了一种"战略论＋资金论"的组织架构，以资金作为竖直的主干支撑，之后在上面可以自由地接入各种横向的业务，或者组织分支，之后各个分支又可以作为一种新的资源继续向上对接。母公司没有明确的"本业"，发展所需要的各种资源主要从公司外部获得，母公司可以随时抛弃原来的业务领域，进入新的行业。这套架构不断得到验证，先是软银借助与雅虎的合作进军移动互联网并取得胜利，后来通过收购沃达丰进入电信运营业务，近年来又接连收购法国机器人企业 Aldebaran、谷歌旗下的机器人公司波士顿动力，成功进军机器人领域。虽然软银原本是一家投资公司，但 30 多年来借助这套组织架构，已然成了日本最成功的科技公司之一。

凭借这一套理念，孙正义在过去 30 年里一直不停地寻找着这个时代的机会，并且脚踏实地地去实践。在互联网刚刚来临时，孙正义抓住了雅虎这个机遇；在电商尚未席卷亚洲时，孙正义抓住了阿里巴巴这个机遇；在智能手机刚刚萌芽时，孙正义又抓住了苹果这个机遇，几乎每一次机遇都是由科技的发展带来的。看清问题的本质，看到未来的方向，积极拥抱科技，运用科技，是他的行动教会我们的最宝贵的真理。先进科技加有效的战略战术配合，才是高科技企业真正应该追求的东西。

先进科技加有效的战略战术配合，才是高科技企业真正应该追求的东西。

02 把问题拆分到最小

我们常常被一些复杂的问题吓倒，但你有没有尝试过，把这个吓倒你的大问题，分解成一个个小问题来解决呢？因为分解后，每个小问题解决起来轻而易举，你就可以"各个击破"了。

分解问题有一个非常好用的办法：逻辑树分析法。

逻辑树分析法是指分层罗列问题的所有子问题，从最高一层开始，逐步向下扩展分析，将已知的问题作为逻辑树的主干，然后思考哪些问题或子任务与这个已知问题相关，将这些问题或子任务作为逻辑树的分支。整个过程就像种树一样，先长出树干，然后在树干上分出各种树枝，每个树枝上又长出细小的枝丫。

那么，如何来搭建"逻辑树"呢？大致分为这么几步：

· 从结构而非数据入手，先找到核心问题（主干），之后的每一个分支问题（树权）都是基于这个问题向下延伸；

· 每一个问题都必须拆解到位，做到不重叠、不遗漏的分类；

· 尽可能写出导致问题的潜在原因，把这些问题转换成假设；

· 反复审查"逻辑树"，看看是否有遗漏，进行补充和修改。

比如：

· 大疆无人机为什么能够占据全球消费级无人机70%的市场份额（见图2-1）？

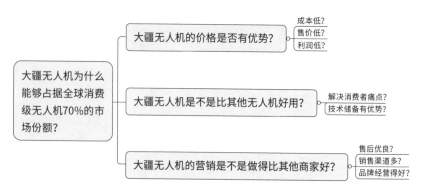

图2-1 大疆无人机市场份额逻辑树

· 中国汽车制造商有没有机会实现弯道超车（见图2-2）？

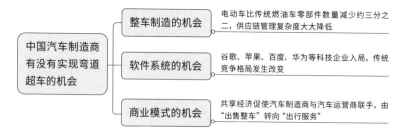

图2-2 中国汽车制造商机会逻辑树

"逻辑树分析法"不仅在分解问题时让我们事半功倍，事实上，这套方法在我们日常工作中也能派上大用场。在你面对一个大而复杂的问题、不知从何下手时，这套方法会让你迅速地找到突破口。

小试牛刀

你在上一小节中提出的问题可以按照什么维度来拆分？尽可能全面地考虑到拆分维度，并写下来。

进度：进行中☐　完成☐

你在上一小节中提出的问题和机会可以按照以下_____个维度来拆分：

所谓创新上下行，指的是创新的两种方向：一是下行——从高校挖掘科研成果，寻找合适的应用载体造福社会；另一种是上行——依据市场需求，找到合适的科技去满足。

03 相互独立，完全穷尽

细分问题需要遵循一条非常重要的原则，即MECE原则。

MECE（Mutually Exclusive Collectively Exhaustive），是咨询公司麦肯锡的第一个女咨询顾问芭芭拉·明托提出的很重要的原则，它的中文意思是"相互独立、完全穷尽"，目的是对一个重大的议题做到不重叠、不遗漏的分类，而且能够借此有效把握问题的核心。

"相互独立"（ME）意味着问题的细分是在同一维度上并有明确区分、不可重叠的，"完全穷尽"（CE）则意味着全面、周密。

举个例子：

> 服装品牌H&M要分析自己的消费群体，给消费群体归类，按照年龄段分为0～19岁、20～29岁、30～39岁、40～49岁、50～59岁，所有年龄段都不相互重叠，这样的分类方法就是ME（相互独立）的。而按照支付方式来分类，则分为现金支付、在线支付、信用卡/银行卡支付，把所有的支付方式都考虑到了，就做到了CE（完全穷尽）。

在解决问题时，如果能全面地考虑这个问题的各种情况，真正地实现CE（完全穷尽），那么必然能完整清晰地呈现出这个问题的各方各面，从而彻底、有效地应对解决过程中遇到的情况，而ME（相互独立）则可以让问题的各方各面独立地呈现出来，避免出现混淆。

需要注意的是，MECE原则有一定的适用条件——只有在完全客观理性的条件下才适用，就像一幢房子，所有的建材被拆开都是相互独立、完全穷尽的。但在非理性的情况下，MECE原则就不适用了，比如顾客对各种洗发水喜欢的原因，经常是相互重叠、含混不清的，所以日化巨头宝洁公司开发的产品往往在目标用户和用户诉求上都有大量重叠。再比如在企业内部，如果说到每个人对企业的贡献，加总起来一定是大于100%的，这种情况下MECE原则也不适用。

小试牛刀

试着把你之前界定的问题一步步地细分成小的、可解决的问题，写在纸上，只写一些框架也不要紧，它最重要的作用是帮助你思考，找到问题的突破口。

当你觉得这些内容已经确定以后，仔细琢磨它们，是不是每一项内容都是独立的、可以清楚区分的事情？如果是，那么你的内容清单就是"相互独立"的。是不是这个问题的每个方面都出自所列内容的唯一一项，也就是说，你是不是把一切都想到了？如果是，那么你所列的内容就是"完全穷尽"的。

要点：复习"逻辑树分析法"，并用MECE原则检验结果。

进度：进行中☐　完成☐

在本章第一节中提出的问题，按照上一小节中提出的每个维度，可以拆分成以下＿＿＿＿个：

在本章第一节中提出的机会，按照上一小节中提出的每个维度，可以拆分为以下＿＿＿个：

民间科学家时代已经结束了，
如今大量的科技其实出自高校。
美国《拜杜法案》使得从高校转让最新科技成为可能，
使得新兴科技企业成为最先进的生产力。

04 大胆假设，小心求证

利用初始假设来指导研究与分析，会大大提高决策的效率。

假如你挑选的行业是自己比较熟悉的，你对这个行业有一定的了解和洞察，那么你应该可以比较轻松地得出几条假设。

以虚拟现实产业为例：

假设1：尽管虚拟现实这个概念已经在全球范围内备受关注，但虚拟现实产业尚未成熟。

假设2：VR设备可能会像今天的手机一样，成为大硬件厂商竞争的标的。而创业公司的机会，在于如何在硬件设备上生长

虚拟现实设备显然还没有达到普及的程度

出符合市场需求的应用。

假设3：市场至少要两年后才会重新热起来，对于创业者来说，当务之急是如何熬过去。

有了假设，就有了搜集事实依据的方向，此后的工作就有了突破口。

如果你选择了一个不熟悉的行业，现有的知识体系暂时还无法支持你提出假设，不妨上网查查这个行业里的领军人物发表过怎样的言论，看看他们对行业有怎样的判断和预测。这些行业领头羊往往扎根一个行业十几年甚至几十年，对于行业趋势的判断较一般人而言更为准确。基于他们的观点，你可以借助自己的行业经验和直觉，得出自己的一些假设。

注意：最初假设的作用只是帮助我们深化思维、找到问题的可行方向，事实才是我们解决问题的基础。做行业分析，最忌讳的就是把自己的假设当成问题的答案。在搜集资料的过程中，你会看到越来越多的事实，要不断地根据事实调整你的假设，而不是只去搜集能够支撑你的假设的论据。

小试牛刀

你觉得目标行业现有的问题在哪里？有什么改进的方向？对于创业者来说机会在哪里？写下你的假设，至少写一条以上，接下来的论证和分析都会围绕你的假设展开。

要点： 大胆假设、小心求证，先假设结论，再分析解决办法。

进度： 进行中□ 完成□

你所分析的行业有可能存在的问题是：

可能的改进方向是：

创业者可能有以下_____个机会：

创业是一场战争，
高科技是你的武器库。
只有对先进武器有充分了解，
才会增加打赢的概率。

05 选定分析内容

分析内容是拟定研究报告提纲的基础。研究目的不同，分析内容也随之不同。现在翻到第一章，回头看看你当时写下的研究目的，根据研究目的来拟定分析内容。

通常分析一个行业，至少要分析三大块内容：

- 行业历史，弄清楚行业的界定分类、行业发展历史脉络、行业发展周期等；
- 行业现状，行业发展状况，市场供需情况，竞争状况，行业发展关键因素；
- 行业趋势，行业发展前景，发展趋势等。

三大块内容又可以细分为更多的子内容。当然，就像我们在本书开头提过的，所有的分析内容都应该服务于分析目的，所以如果这三大板块的内容无法达成你的目的，你可以增加更多的分析内容。

你要分析的内容包括：

中国制造业一直在讲自主创新。
在点上取得创新没有问题，
但是在面上，我们没有形成国外完整的产业生态，
不可能自主解决所有问题，必须与国外对接。

怎样判断科技公司是大牛还是忽悠？

在很多情况下，创新会对传统产业造成毁灭性的打击，但也有一些时候，创新创业者因为自身壁垒不足，不仅没有撼动已有行业巨头的地位，反而被其反噬。所以对于创新创业者来说，一定要建立足够高的壁垒，特别是技术壁垒。

那么，什么样的技术算是好的技术呢？

好的技术一定出身名门

爱迪生一生中有超过2000项发明，拥有1000多项专利。他从未上过大学，靠母亲的家庭教育自学成才，电灯、留声机、有声电影都是出自爱迪生之手，他可谓是历史上最伟大的民间科学家之一。

然而，这样的时代已经一去不复返了。如今好的技术和专利，大多出自名门高校。今天的科技是复杂的协作系统的成果，需要多个单位紧密协作。这意味着，一个民间科学家单枪匹马发明出电灯的机会已经非常渺茫了。

1980年，美国出台了《拜杜法案》。法案规定高校科技转让的时候，可以不转让专利，而是转让独家商业权益，这一方面使得高校保留了知识产权，另一方面极大地挖掘了技术的商业价值。《拜杜法案》极大地促进了高校技术的转化。1978 年，美国的科技成果转化率只有5%。《拜杜法案》出台后，这个数字短期内翻了十倍。

所以，如果你去追根溯源，看著名高校的专利流向了哪些公司，往往能顺藤摸瓜找到一系列优秀的初创企业。

好的技术具有完备的壁垒

人们对于技术壁垒常常有一个认知误区，就是技术一定要非常"高大上"才行。但是，创新不能只衡量技术的优劣，同时要衡量技术是否具有独特性，即技术壁垒是否完备。

拿我们普通消费者每天都会用的化妆品为例，单单是在防晒领域，每年都会出现大量所谓的新专利，这些专利被化妆品牌们包装成一个个最新产品推上市。你在市场上看到的每一个新产品，背后都有一个新的配方，而这些配方背后都有一个新专利。

但这些所谓的专利，实际上都是围绕美国食品药品监督管理局（FDA）对于防晒产品基本配方定义的细微修改，例如增加一部分防水功能，延长防晒时间，等等。这些技术配方都不能形成真正的技术壁垒，可以购买不同的技术来实现相同的目的。这就造成了化妆品领域的产品同质化严重，各家公司在各个领域基本都有对标产品。

好的技术具有商业价值

好的技术必须是有商业价值的技术，如果曲高和寡，没有具体的应用场景，不能转化为产品推动社会进步，就只能被束之高阁。这种技术是没有价值的。

就像东芝的大容量、小尺寸硬盘，虽然技术本身世界领先，但苦于找不到好的应用，一直都积压在实验室里。直到乔布斯慧眼如炬，将这项技术运用到了 iPod 上，东芝的技术才真正实现了其商业价值。所以，当科技足够好却没有找到应用时，科技是无法发挥价值的。

警惕开源技术

开源技术，也就是向公众开放源代码的软件技术，例如人工智能、虚拟现实等领域常用的算法等。开源技术并非不优秀，但不可否认的是使用开源技术很难建立高的技术壁垒。所以在做开源创新时要警惕，壁垒可以带来相对的竞争优势，如果不存在相对竞争优势就会很容易失败。

在开源领域，要想最大化地获得竞争优势，就是尽早进入。开源技术往往和潮流紧密结合，每个时代的开源技术都是不同的。如果你能把握时代趋势，提前站在潮流上就能够建立壁垒，而滞后的跟随者则少有机会。

20 世纪 90 年代末，互联网的浪潮逐渐席卷中国。同一时间，两家电子商务公司在中国成立，一家叫做阿里巴巴，另一家叫京东。那时，电子商务还被很多人认为是一个骗人的"概念"，马云和刘强东在融资的过程中四处碰壁。但是 20 年后的今天，那些当年认为马云是骗子的人幡然醒悟，明明是自己看不见潮流，却还对时代的弄潮儿冷嘲热讽。

今天，再想做一个电子商务平台已经非常困难了，冰冻三尺非一日之寒，阿里巴巴和京东将近 20 年的市场积累，已经成为他们最强的壁垒。更不用说今天电商平台的战场，已经开始从货品品类转向了物流，这些都令初创公司望而却步。

所以，科技的创新需要理解壁垒和潮流。当企业具有硬科技壁垒时，相对来说可以放松对潮流的敏感度，但没有科技硬壁垒时，就必须紧跟潮流。

第三章

搜集情报：事实是分析的基础

解决问题的一个基本思路是大胆假设，小心求证。这句话的意思是，假设只是导向，事实才是求证的基础，要让事实资料说话。如果不能从事实出发，得出的结论很可能偏离正确方向十万八千里。

想一想，警察是如何抓坏蛋的？警察一般都会假定几个嫌疑犯，然后在各种线索的基础上排查。法院裁决时，也必须有人证物证，才能将犯罪嫌疑人绳之以法。如果线索有误或证据不充足，就可能让真凶逍遥法外。

这个思路与行业分析是一致的。要想支撑或者推翻你的某个观点或假设，找到足够的事实资料就至关重要。这些情报一般分两种：

第一种是一手资料，一般来源于企业走访、高管面谈、专家访谈，等等。无论你是希望从事咨询、记者、调研等行业，还是希望掌握一定的沟通技巧，本章将告诉你，如何在面谈或走访中战无不胜，如何借助外界的力量迅速由一个外行转变成一个内行。

第二种是二手资料，一般来源于数据库、网络、行业协会以及其他专业机构网站。这一章将告诉你，从哪些渠道入手，从而更高效地搜集到二手资料，什么样的资料是有价值、有可信度的。

　　本章的最后将为你呈现行业分析心法第三课"如何辨别情报或观点的真假？"。网络上的信息铺天盖地，虚假信息有时会迷惑你的双眼，让你做出错误的判断，所以学会辨别信息的真伪至关重要。

本章核心目标	获取行业或企业的情报
本章核心技能	通过练习本章节内容，你将：
	1. 掌握数据收集的技巧，打好行业分析基本功
	2. 掌握企业走访、人物访谈的要领
	3. 了解做行业研究或企业调查，需要从哪些层面入手来获取情报
难　　度	★★★★
行业分析心法第三课	如何辨别情报或观点的真假？

01 分析师的基本功——情报搜集

作为一名行业分析师，搜集情报是基本功之一，一名合格的行业研究人员一定具备很强的数据搜索能力。

数据有多重要？举个例子：

> 大卫·普拉特曾是欧洲最为人熟知的优秀球员之一，他在退役后加盟曼城教练组，成为一名助理教练。当时，曼城队正在主教练罗伯托·曼奇尼的带领下，设法通过角球得分。尽管球队阵容中拥有多名高大强壮的球员，但他们的角球得分情况并不尽如人意。
>
> 2011年夏天，大卫·普拉特决定利用数据分析来解决球队的这一棘手难题。曼城的分析师们观看了数个赛季不同球队的表现，分析了超过400个角球，最终得出结论：最易得分的角球是内旋角球（球转向守门员方向），而不是罗伯托·曼奇尼所偏爱的外旋角球（球向背离球门方向旋转）。
>
> 很快，曼城队增加了对内旋角球的使用。战术转变产生了惊人的效果。在整个赛季中，曼城队依靠角球打入15个进球，成为英超角球得分效率最高的球队，其中三分之二的进球采用的是内旋角球。

从大批杂乱无序的数据中提炼出重要信息，分析出研究对象的内在规律，正是数据的价值所在。

然而，你知道去哪里搜集数据吗？你知道什么样的数据是真实可信的吗？

不知从何下手？试试维基百科

如果你一开始不知从何下手，那么可以先在维基百科（https://en.wikipedia.org/wiki/Wiki）上搜索一段关键词，了解到大概信息，然后通过获取到的信息顺藤摸瓜，找到更多的信息。这种方法不只适用于做行业分析，事实上你在任何需要搜索信息的场景中几乎都能用到这种本事。

比如，在维基百科输入Virtual Reality（虚拟现实）进行搜索，你可以看到虚拟现实产业的发展历程、应用场景、技术壁垒、产业面临的挑战等信息（见图3-1）。它列举了虚拟现实产业内的众多企业和市场引领者，顺藤摸瓜，你可以搜到更全面的信息！

当然，维基百科只是一个不太严谨的数据来源，目的是让你找到下手之处，我们还需要更严谨的数据来源提供信息。

企业服务数据库

如果你要找某家公司的信息，不妨试试AngelList、Crunchbase这样的企业服务数据库网站。它们会列出公司的管理团队、融资情况、业务简介、公司官网、成立时间等信息，对于初步了解一家公司大有裨益。例如，在Crunchbase网站输入Oculus（一家虚拟现实公司）之后，可以获得如下信息（见图3-2）：

HMD devices

- Facebook (Oculus Rift)
- Google (Google Cardboard, Google Daydream)
- HTC & Valve (HTC Vive)
- Microsoft (Microsoft HoloLens, Windows Mixed Reality)
- Razer (OSVR Hacker Dev Kit)
- Samsung (Samsung Gear VR)
- Sony Computer Entertainment (PS VR)
- Starbreeze Studios (StarVR)
- Lenovo Explorer

Input devices

- Cyberith Virtualizer
- Leap Motion
- Nokia (Nokia OZO camera)
- Sixense
- uSens
- Virtuix Omni
- ZSpace (company)

Software

- VREAM
- vorpX

Content

- Framestore
- iClone
- Innervision
- Moving Picture Company
- Reel FX
- xRes

Emerging technologies

- 360 degree video
- Augmented reality
- HoloLens
- Intel RealSense
- Magic Leap
- Mixed reality
- Haptic technology

Companies

- Google
- Facebook
- Apple
- HTC
- Valve

- Samsung
- Microsoft
- Intel
- Campustours
- Sketchfab
- Sony
- Lenovo

Artists

- Rebecca Allen
- Maurice Benayoun
- Sheldon Brown
- Char Davies
- David Em
- Myron Krueger
- Jaron Lanier
- Jacquelyn Ford Morie
- Brenda Laurel
- Michael Naimark
- Jeffrey Shaw
- Nicole Stenger
- Tamiko Thiel

图 3-1 维基百科关于虚拟现实的搜索页面节选

Oculus

Oculus develops virtual reality platforms and products, including Rift, that let people experience anything, with anyone.

Menlo Park, California, United States

Categories	Consumer Electronics, Hardware, Video Games, Virtual Reality, Virtualization
Sub-Organization of	f Facebook
Founded Date	Jul 6, 2012
Founders	Brendan Iribe, Jack McCauley, Michael Antonov, Nate Mitchell, Palmer Luckey
Operating Status	Active
Funding Status	M&A
Last Funding Type	Series B
Number of Employees	501-1000
Also Known As	Oculus VR
Company Type	For Profit
Website	www.oculus.com ↗
Facebook	View on Facebook ↗
LinkedIn	View on LinkedIn ↗
Twitter	View on Twitter ↗
Contact Email	info@oculus.com

Oculus is enabling the world to experience anything, anywhere, with anyone through the power of virtual reality. The Oculus platform powers Rift and Samsung's Gear VR.

图 3-2 在 Crunchbase 上搜索 Oculus 结果页节选

学会洞察行业：写好分析报告的 6 堂实战课

这类数据库的作用与维基百科类似，它能够给出一家企业的基本信息，较为全面，但不能保证信息的时效性，所以需要与其他渠道的信息相结合。

政府公开数据库、行业协会公开信息

除了使用搜索引擎进行搜索，我们还可以利用各种专业数据库、期刊、论文、报告等图文资料，政府及行业协会等发布的公开行业信息，这些数据可以更为精准地支持你的观点。比如美国白宫、美国官方数据库、欧盟统计局、世界经济论坛等机构发布的数据和报告，这些报告不仅免费，而且具有比较大的参考价值。很多宏观经济、行业数据等重要数据也来源于此。

咨询公司报告

一些市场咨询公司，比如沙利文、IDG、GFK、高德纳、IDC 等可以帮你做专门的市场分析，这些知名咨询公司公开售卖的市场分析报告也具有很大的参考价值（见图 3-3）。以上所说的报告一般售价昂贵，动辄数百上千美元，购买前一定要详细阅读它的提纲，判断这份报告是否对你有参考价值，看准了再下手（见图 3-4）。财大气粗者可以无视这一条。

还有一些新兴的咨询公司，专注于跟踪初创型企业的研究，例如国外的 CB Insights，国内的 36 氪、艾瑞咨询，等等。这些咨询机构的数据一般较为全面，但需要对数据的真实性进行甄别。

图3-3 沙利文公司官网公开提供的报告几乎覆盖大多数热点行业

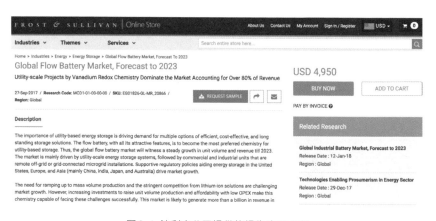

图3-4 沙利文公司提供的报告购买页面

专业数据库

如果你对金融行业有了解，你一定听说过两个金融数据库：路透（Reuters）和彭博（Bloomberg）。

这类数据库不仅包括了股票、债券、期货、外汇、基金、指数、权证、宏观行业等多项数据内容，而且很多行业报告可以下载。但它们的价格较贵，主要为业内人士提供服务，是金融从业人士必不可少的工具。

除金融数据外，具体到某一个领域，也常常有专业的数据库可以使用。例如，在医疗领域，美国食品药品监督管理局的药品数据库可以查到任何一款注册信息及相关文件、专利数据、市场保护等数据。如果你想查某一款App的发行量、下载量等相关数据，App Annie（一个移动应用数据统计平台）则是一款非常好用的工具。关键是，要找到细分领域的专业数据库，找到你想要的数据。

企业年报

股价是行业景气度的先行指标，行业内领军企业的股价走势一定程度上反映了整个市场对行业前景的信心。这些上市企业的年报和季报是非常可靠的信息来源。

企业的官方网站也是信息来源之一，特别是企业新闻、产品发布、团队成员等信息，一般都可以在企业官网找到。接下来你就可以顺藤摸瓜，比如，看其科学家团队是否有论文发表，发表在什么样的期刊上，是否持有专利，等等，以判断其研发实力。

需要注意的是，企业官网有时会修饰自己的企业形象，看到信息的时候我们需要冷静思考一下，这些信息是不是过分夸大。

媒体网站

一般情况下，媒体的声望越高，数据的可信度就越高。常用的媒体网站如Techcrunch、连线、The Verge、商业内幕、纽约时报、彭博商业周刊、经济学人、福布斯、华尔街日报、商业周刊、Engadget等，国内的网站有36氪、雷锋网、199IT、极客公园、虎嗅、硅谷密探、麻省理工科技评论等。

媒体网站的最大优势是，数据更新较为及时、综合，行业观点突出，但也包含着极大的不确定因素：数据中掺杂宣传成分，数据也相对偏少。新闻通常会有一些夸张的成分，所以一定要多看几个网站的新闻数据，对数据进行甄别，否则常常会出现严重错误。

行业领军人物的言论以及对行业资深从业人员的走访

行业大佬对行业动向和政策风向比较敏感，他们的一些看法往往代表了这个行业的发展方向和投资热点。定期收集分析行业关键人物的言论，以此来管中窥豹洞察一个行业，是一条很重要的数据来源。

基于上述几条数据来源，你已经获得了不少的二手信息，基于这些信息，你可以做出一些未必准确的预测和预判。为了使你的分析更加严谨，请教行业专家和资深从业人士是必不可少的。

在实际做行业分析时，常常会遇到无法获取相关信息的情况，这就要考验分析师的理解能力和预判能力了。

首先，分析师可以根据已有数据，结合行业特点、行业周期、发展障碍、发展趋势等因素推算出未知数据。在这个过程中，可以结合类似行业的发展特点和上下游行业的影响，对预测数据加以修正、完善。如果是受到国家政策和行业法规影响较大的行业，还需要考虑会严重改变行业格局的政策因素。

最后，如果你的预判能够得到业内专家的认同，基本上对趋势的判断是较为准确的。对于行业趋势的判断，大方向的模糊正确往往比小细节的精准更为重要。

搜集情报是个多管齐下、顺藤摸瓜的本事，数据来源越多，能够搜集到的情报就越多，也就越容易相互印证，发现问题。

小试牛刀

根据你之前写下的想要分析的内容，使用上述方法搜集相应的资料，越多越好。

要点：尽可能多地去搜集事实信息。

进度：进行中☐　完成☐

按照资料来源分类，已搜集到的关键信息包括：

1.来自企业服务数据库的关键信息：

2.来自政府公开数据库／行业协会的关键信息：

3. 来自咨询公司报告的关键信息:

----

4. 来自企业年报的关键信息:

----

5. 来自媒体网站的关键信息:

6.企业走访中获取的关键信息：

> 中国处于世界经济的山腰，
> 上可以对接世界先进科技，
> 下可以覆盖全球市场。

知识进阶
抽丝剥茧：莱迪思背后的故事

我在知识服务商——罗辑思维旗下的「得到」App上开设了一个订阅专栏，叫《前哨·王煜全》，分析国内外各个行业的创新趋势。专栏曾播出过一期关于无人机产业的节目。作为无人机产业的独角兽，大疆自然不可忽视。但是在搜集大疆公司相关信息的过程中，我们意外了解到了一家更有意思的公司：大疆精灵（Phantom）4无人机的芯片供应商——一家叫作莱迪思（Lattice）的美国公司。

这家公司为什么会引起我们的兴趣呢？是因为在查资料的过程中，我们发现它与中国的渊源颇深。莱迪思不仅向大疆供货，还向中兴、华为、OPPO等一大批中国品牌供货。更重要的是，它还有深厚的中资背景。

莱迪思公司商标

FPGA[1]的行业门槛非常高，全球曾经有60余家公司先后斥资数十亿美元，前赴后继地尝试登顶FPGA高地，其中不乏英特尔、IBM、德州仪器、摩托罗拉、飞利浦、东芝、三星这样的行业巨鳄，但最终登顶成功的只剩下四大玩家：赛灵思（Xilinx）、阿尔特拉（Altera）、莱迪思、美高森美（Microsemi）。前两者占据了近90%的FPGA市场份额，赛灵思则始终保持着全球FPGA的霸主地位。

这四家公司当中，产生了两笔收购案值得注意。

第一家被收购的公司是FPGA第二大制造商阿尔特拉。2015年12月，英特尔以167亿美元收购阿尔特拉，成为英特尔历史上最大的一起收购。

另一笔收购案，就是莱迪思。令人惊讶的是，想要收购它的是一家具有中资背景的基金。更值得注意的是，这笔收购案被美国总统特朗普亲自下令否决。这家公司究竟有何玄妙之处呢？

2016年上半年，紫光在公开市场收购了莱迪思6.07%的股票。紫光集团，相信大家都不陌生，它源自清华，是国家重点高新技术企业、国家"863计划"成果产业化基地。可以说，紫光承载着浓厚的国家使命。

---

[1] Field-Programmable Gate Array，现场可编程逻辑门阵列，缩写为FPGA。

然而，莱迪思最终并没有被紫光收入囊中。2016年11月，莱迪思宣布被一家新成立的私募股权公司Canyon Bridge以13亿美元收购，致使莱迪思股价暴涨近20%。在Canyon Bridge的官方网站上，赫然列着几个合伙人的名字：Benjamin Chow、John Kao、Peter Kuo。根据Canyon的交易法律顾问众达律师事务所（Jones Day）发送的电邮新闻稿，该基金的伙伴大多来自总部位于北京的国新基金。其高级顾问王宁国博士在加入Canyon Bridge之前，曾任中芯国际总裁、华虹集团首席执行官等职务。Canyon Bridge在美国和北京均设有办公室，其初始资金募集自几名中国合伙人。

资料搜集到这个地步，已经能够说明一些问题了。在很多人的印象中，优秀的芯片设计公司几乎都在国外，中国虽然有不少芯片厂商，但缺乏国际上出类拔萃的芯片设计商，更多的是代工企业。实际上，在芯片领域相对落后的中国正在积极出海探索，试图利用这类收购，完成一些芯片产业的布局任务。

在芯片领域相对落后的中国正在积极出海探索，试图利用这类收购，完成一些芯片产业的布局任务。

Canyon Bridge公司首页显示的领导团队名单节选

为什么选择收购莱迪思呢？答案很简单，赛灵思是FPGA领域的全球霸主，想要轻而易举地收购它显然不可能。而位居第二的阿尔特拉已经被英特尔捷足先登，剩下的就只有莱迪思了。

虽然并没有任何确切的证据，但这场收购给阴谋论者提供了足够的素材，一些媒体怀疑收购莱迪思是由中国政府在幕后主使。

果不其然，事情在2017年9月出现了大转折：北京时间9月14日凌晨，美国财政部发布声明称，美国总统特朗普下达行政指令，叫停了Canyon Bridge收购莱迪思的交易。特朗普下达指令要求买卖双方在未来30天内，完成所有必要的步骤，以完全、永久性地放弃收购提案。声明称，美国外资投资委员会（CFIUS）和总统评估认为该交易给国家安全带来风险。

这种做法在美国并不常见，过去30年里，美国总统只有四次否决了类似交易。第一次否决案发生在1990年2月，老布什否决了中国航空技术进出口公司对美国西雅图飞机零件制造商马姆科（Mamco）公司的收购；第二次是在2012年9月28日，奥巴马签发行政命令，禁止三一重工在美关联公司拉尔斯控股（Ralls Corp）收购美国俄勒冈海军训练后勤基地附近的四个风电场；上一次是在2016年，美国总统奥巴马否决了中国福建宏芯投资基金收购德国半导体制造商爱思强（Aixtron）在美国的业务；第四次就是特朗普否决了

Canyon Bridge 对莱迪思的收购。

　　随着莱迪思收购失败，预计中国在半导体行业的海外并购将继续面临严苛的审查。但是，Canyon Bridge 对于莱迪思的收购意向，证明了资本方对于 FPGA 市场的看好。

02 重要信息别遗漏！

分析一个行业往往关注未来，看清趋势是做行业研究最主要的目的，那么在推论未来可能的时候，需要借鉴以往的发展走向和当下的发展基础。发展走向是过去到现在的发展历程，而发展基础则是当前产业的各项具体数据，这其中有几个元素是非常重要的：

技术发展

这一点非常重要！技术的发展与进步，是行业驱动的核心要素以及颠覆某个行业的重要导火索。研究行业技术发展有利于把握行业未来可能的发展方向及对行业企业的影响。

产业链

不仅要搞清技术本身的发展阶段，还需要了解配套的生态环境是否已经形成，产业链是否开放。

产业链是指该行业内的产品由原材料、生产、运输、销售等活动过程最终到达消费者手中每个环节的描述。搞清一个产业的上中下游，并且知道每一环链条上领军企业的动态，对于判断产业发展趋势具有非常大的帮助。

市场

市场潜力、市场规模、市场增速/减速、区域市场也是非常重要的指标。

很多高校不乏非常厉害的技术，然而这些技术曲高和寡，找不到好的应用场景，没有消费者为其买单，也就谈不上产业机会了。当科技足够好却没有找到应用时，科技是一文不值的，而应用足够好时，是可以反哺科技的。

竞争壁垒

对于企业来说，竞争壁垒是最重要也是最容易被忽略的。一个巨大的市场机会出现时，如果缺乏竞争壁垒，往往会变成大家蜂拥而上，蓝海瞬间变红海的局面。

这种现象屡见不鲜，时下正热的共享单车就是如此。因为缺乏技术硬壁垒，所以市场上一度能看到红橙黄绿青蓝紫各种单车，竞争厮杀的激烈程度可想而知，最后的结局必然是只有一两家独大，赢家通吃。

商业模式

了解企业从哪里获得收入，获得收入的形式有哪几种，企业如何向客户传递业务和价值。

在技术为各行各业赋能的时代，新的商业模式层出不穷，而这些新的商业模式常常意味着新的增长机会。10 年前，没有人觉得可以在手机上叫外卖、出租车公司没有一辆车、酒店没有一间房；20 年后，这些不可思议的事情全都变成了现实，美团、优步、爱彼迎，都是科技红利的受益者。

政策监管

要明确一个行业的主管部门有哪些，清楚影响该行业发展的主要政策 / 规范 / 标准有哪些。比如，美国联邦航空局的政策偏好，很大程度上影响了无人机行业的发展。

行业领军者行为

领军企业是否有新的投资布局，产品线是否有更新，融资情况如何，它们的优劣势在哪里。

资本市场

包括特定公司在资本市场的表现，以及资本市场在特定行业的整体表现。

这些要素在行业分析中占据了很大比重，在搜集资料的过程中需要格外注意，避免遗漏。

小试牛刀

围绕上述八大重要元素搜集目标行业的相关信息，检查是否遗漏。

进度：进行中□   完成□

技术发展相关信息是否已完善：

是□   待补充□

产业链相关信息是否已完善：

是□   待补充□

市场相关信息是否已完善：

是□   待补充□

竞争壁垒相关信息是否已完善：

是□   待补充□

商业模式相关信息是否已完善：

是□   待补充□

政策监管相关信息是否已完善：

是□   待补充□

行业领军者近期动向相关信息是否已完善:

是□　　　　　　　　待补充□

资本市场相关信息是否已完善:

是□　　　　　　　　待补充□

不说产业时点的黑科技都是空头支票,
什么时候能产业化才是真的。

03 发现所有不正常的信息

数据只能给你一个分析的基础，能不能得出富有洞见的结论，关键在于能否从数据中提取有价值的信息。一名优秀的分析师需要对数据保持足够的敏感度，从非正常的数据中找出问题所在。

在福尔摩斯探案集里有一个叫作"银色马"的故事，说的是一个马场的马失窃了，但当晚没任何异常。福尔摩斯说，这才是奇怪的地方，因为马场养了狗，如果有人偷马，狗应该会叫，狗不叫说明偷马的是狗熟悉的人。后来，顺藤摸瓜找到了犯人。

如果你能像福尔摩斯一样，对异常信息保持足够的敏感度，你会在行业分析过程中发现很多疑点，这种敏感度有多重要？举个现实的例子：

> 林彪带兵打仗的时候有个特别的习惯，那就是每次战斗结束后，都要用小本子记下所缴获的武器种类、数量、歼敌人数等数据，乐此不疲，然而大家对此都不以为意。
>
> 1948年10月，东北野战军与国民党二十万精锐部队在辽西相遇，一时间形成混战。战局瞬息万变，谁胜谁负实难预料。
>
> 在大战紧急中，一天深夜，值班参谋正在读着下面某师上报的其下属部队的战报，说他们下面的部队碰到了一个不大的遭遇战，歼敌部分，其余逃走。林彪听着听着，突然叫了一声："停!"他的眼里闪出了光芒，问："刚才念的在胡家窝棚那个战斗的缴获，你们听到了吗?"

大家脸上一片茫然，这种战斗每天都有几十起，数字不都是差不多的吗？

见无人回答，林彪连问三句：

"为什么那里缴获的短枪与长枪的比例比其他战斗略高？"

"为什么那里缴获和击毁的小车与大车的比例比其他战斗略高？"

"为什么在那里俘虏和击毙的军官与士兵的比例比其他战斗略高？"

不等战士们有所反应，林彪大步走向挂满军用地图的墙壁，指着地图上的那个点说："我断定敌人的指挥所就在这里！"

在这个数据的指导下，部队一鼓作气，追击逃脱的部队，成功地抓住了国民党将领廖耀湘。被抓的廖耀湘在得知林彪是如何做出判断的之后，不得不佩服："我服了，败在他手下不丢人。"

正是对非正常数据保持足够的敏感，林彪才能在大批杂乱无序的数据中提炼出重要信息，分析出研究对象的内在规律。

培养对数据的敏感性需要建立在对数据大量、持久获取的基础上，时刻对数据保持质疑的态度，你就会发现更多问题。一个公司的业绩是不是好得超出了正常水平？一份报告对于产业成熟时点的判断是不是和你看到的不一样？一家声称自己很牛的企业却频繁发生人事变动？所有的异常都值得引起怀疑，背后很可能隐藏着更大的问题。

小试牛刀

你在搜集资料的过程中有没有发现异常信息？试着去挖掘背后更深的问题。

进度： 进行中☐　完成☐

你在搜集资料的过程中有没有发现异常信息？

有☐　　　　　　　　没有☐　　　　　　　　尚未发现☐

这些异常信息是：

导致这些异常出现的原因可能是：

前瞻性思维需要培养直觉，
直觉包括先天和后天两种。
前瞻性思维是后天直觉，
甚至有和先天知觉相矛盾之处，
所以需要理性的、系统的训练。

04 超前指标和滞后指标

在观察一个行业或者一家企业时，我们必须借鉴一些指标来做出判断。比如，在判断一家企业是否健康时，常常会看它的财务状况；在衡量一个市场的前景时，会看过去一段时间的市场规模走势。

但是，无论是财务指标还是市场规模，这些都是滞后指标，也就是说通过这些指标，你看到的是很早之前已经发生的情况，你可以对过去做出判断，却无法利用这些指标预测未来。比如，对于一家初创公司来说，财务指标很难证明它的发展前景，因为在产品做出来之前，企业几乎是没有利润、反而有很多支出的，如果按照传统的财务指标来判断，那这家公司恐怕是要倒闭了。

而我们做行业趋势分析，就是要提前预测未来一段时间内行业的发展前景，这时必须找到超前指标。超前指标就像暴雨前低飞的燕子、搬家的蚂蚁，让你提前预知到未来的晴雨，未雨绸缪。

比如，我们凭什么判断自动驾驶是真正要来了，而不是虚火呢？一个重要的超前指标就是英伟达的GPU [1]在汽车领域的销量，其汽车业务的收入从2015年第4季度的5600万美元，增长到2017年第三季度的1.27亿美元。搭载GPU的电子计算平台可谓是自动驾驶汽车的大脑，GPU在汽车领域的大量应用恰恰预

---

[1] Graphics Processing Unit，图形处理器，缩写为GPU。

示着自动驾驶的到来。

再比如，我们凭什么判断电动车一定是未来的主流呢？一个最重要的超前指标就是海银资本投资的WiTricity公司已经开始和各大汽车厂商合作。WiTricity公司是麻省理工学院的教授Marin Soljacic创立的无线充电技术公司，其磁共振无线充电技术全球领先，如果把这项技术应用在汽车上，电池就可以脱离充电桩进行充电了。所以，我们坚信电动车一定是未来的主流。

在做行业分析时，找到这样的佐证指标，往往可以帮助你对未来做出更为清晰、准确的判断。

小试牛刀

你所在的行业未来五年内的发展趋势如何？有没有类似的超前指标可以佐证你的观点？请将超前指标列举出来。

进度： 进行中□　完成□

未来五年，你所分析的行业发展趋势呈以下＿＿＿＿点：

超前指标是：

未来的企业没有一家不是科技企业，
科技会渗透到任何一家企业当中去，
任何一个企业不用科技，
竞争力就不够强大。

05 找到关键人物

与业内高管访谈往往能让你事半功倍，因为这些"老司机"已经在这个行业内浸淫多年，他们对于自己所从事的行业的见解、目前行业痛点的了解、行业发展趋势的判断，往往比一个从知名高校毕业、却没有或只有很少行业经验的新手（对！可能你就是！）或商科高才生要深刻得多。

著名的"一万小时定律"认为，不管你做什么事情，只要坚持一万小时，基本上都可以成为该领域的专家。但人的生命是有限的，时间也是平等的，不可能在每个领域里都积累一万小时成为专家，所以找到每个行业里拥有真知灼见的人，借助他们的洞见来做判断就至关重要。

既然访谈是如此重要的任务，那么学会一定的访谈技巧，会让你的访谈过程更为顺畅。

有备而来，事先拟好访谈提纲

思考一下你想要从访谈对象那里掌握些什么情况，明确你的访谈目的；然后大致了解一下你的访谈对象，是善谈型的，还是沉默寡言型的？做好准备，根据访谈对象的具体情况拟好访谈提纲，列出需要了解的问题。

注意：访谈提纲应简明扼要，所有的问题都要围绕最基本的几个展开。列出采访提纲后，要仔细审视一遍，选出你最想知道、最关注的三个问题。在访谈结束之前，拿到这三个问题的答案，这次访谈就算是不虚此行。

从细节中发现问题

无论是走访、调研还是访谈，细节往往能透露出很多纸面上没有的信息。

美国心理学家艾伯特·梅拉比安的一项研究发现，一条信息的传递，只有7%靠语言本身，38%靠声音，剩下的55%都是靠身体语言。这意味着，受访者说的话仅仅是信息来源的一部分，他/她的衣着、谈吐、肢体语言、身材，甚至微小的动作，都能透露出很多信息。

FBI前资深探员乔·纳瓦罗曾经历过这样一起案件：

在亚利桑那州发生了一起强奸案，一名年轻的犯罪嫌疑人被抓来审讯，他的供词听起来十分有说服力且合理。他声称自己从未见过受害者，并曾沿着一排棉花地前行，然后左转，最后径直走回家。

录口供的过程中，纳瓦罗一直观察着犯罪嫌疑人。他发现了一个细节：当犯罪嫌疑人说到左转和回家时，他的手却打了个向右的姿势，正好指向犯罪现场。看到这个手势，纳瓦罗立刻警觉起来，同犯罪嫌疑人展开了周旋，最终犯罪嫌疑人不得不认罪。

如果纳瓦罗对细节不够敏感，犯罪嫌疑人很可能就会逃之夭夭。所以，不要放过任何可疑的细节，背后很可能藏着大问题。

访谈中要注意倾听和引导

访谈的目的是在有限的时间内最大限度地获取信息。在对方谈话时尽可能少插嘴，除了提问和时不时地示意自己正在倾听外，时间全部安排给受访者。当然，如果发现受访者有跑题的现象，也要巧妙地进行引导。

复述很重要

复述看上去是一件小事，如果你能条理清晰地把内容复述给受访者，说明你真正掌握了这些内容，受访者听后或许还会补充些你意想不到的内容，或者再强调一些重点。

我们在进行企业走访时，要格外注意以上四个要点，做好充分的准备，避免临阵乱了阵脚。

小试牛刀

不断练习访谈的技巧，掌握以上四个要点。

试着与一位目标行业的资深从业者聊聊，从他的描述中了解该行业的整体概况。

进度： 进行中☐　完成☐

在企业走访过程中，是否已掌握以下几点：

1. 是否已掌握访谈提纲技巧：

是☐　　　　　　　　　　有待练习☐

2. 是否已做到对细节敏感：

是☐　　　　　　　　　　有待练习☐

3. 访谈中是否做到倾听和恰当引导：

是☐　　　　　　　　　　有待练习☐

4. 访谈中是否做到复述：

是☐　　　　　　　　　　有待练习☐

还有哪些方面有待提高？

一个大的科技突破往往会成为新产品推出的必要条件，但绝不是充分条件。要使得新产品能够顺利推出，还需要其他一系列的小革新来支持它。因为最终产品要取胜，靠的是综合性能更优，而不是单项领先。

如何辨别情报或观点的真假?

一个人要想成为多个领域的权威,对多个领域有充分的辨识能力十分困难。我们往往需要根据各个行业权威的观点来辨识一件事是真是假。

沙利文早期做电信咨询时,常常会请教某个特定领域的专家。比如,在分析游戏公司的时候,我们常常会去拜访顽石互动的首席执行官(CEO)吴刚,听取他的见解。

吴刚算得上中国游戏事业的最早开拓者,他从十几岁就开始编程、创业,1999年创立了数位红,一度成为中国最大的手机游戏开发商,此后又创立了V8、顽石互动。2011年,由顽石互动出品的战争策略类联网游戏——《二战风云》创造了中国手机游戏在iOS平台国内的最高收入。

在游戏行业的长年浸淫使得吴刚有着非常敏锐的商业嗅觉,几乎到了只要看一眼某款游戏的玩法和设计,就能判断出这款游戏上市后能收获多少玩家、能产生多少利润的程度。所以,多和专家谈谈,你会对大到整个产业、小到某家公司有更为深刻的认识和更为宏观的把握。

专家虽然有深刻的洞见,但他是不是能做到完全公正,不偏颇呢?

答案是未必。

20世纪50年代，美国男性患冠心病的高死亡率引发了对风险饮食因素的研究。60年代，两位著名的生理学家提出了不同的冠心病饮食诱因假设：伊丽莎白女王学院生理及营养学教授约翰·尤德金认为，糖类是冠心病的主要诱因；而明尼苏达大学营养及病理学家安塞尔·凯斯则认为，全脂、饱和脂肪和膳食胆固醇才是主要诱因。这两大观点各成一派，不分高下。

然而，到了80年代，很少再有科学家认为糖类添加是冠心病的一大诱因。1980年，美国政府推出的第一版《美国膳食指南》认为，应减少全脂、饱和脂肪和膳食胆固醇的摄入，以预防心血管疾病，只字未提糖类添加是冠心病的诱因。

我们今天已经知道，过多地摄入单糖，是心脏病、肥胖等有关疾病的正相关因素，而饱和脂肪酸与心血管疾病之间的相关性缺乏证据。那么，在20世纪50年代到80年代这短短20多年里究竟发生了什么，使得舆论彻底将矛头指向了脂肪和胆固醇？

2016年9月，《美国医学会期刊：内科学》杂志发表了一篇披露制糖业内部文件的文章，将真相公之于众：美国制糖业上世纪60年代花钱收买科学家控制舆论，弱化糖制品与心血管疾病之间的联系，转而将饱和脂肪酸推为罪魁祸首。

历史文件显示，美国糖业协会的前身在1967年高价聘请了三位哈佛大学的科学家，发表了一篇关于糖类、脂肪和心血管疾病研究的评论文章。文章发表在当时知名的期刊《新英格兰医学杂志》上，评论中引用的研究都是糖业集团指定的实验结果，整篇文章极力弱化糖类与心血管疾病之间的关联，并将矛头直指饱和脂肪酸。

紧接着，制糖业大力资助相关研究，成功地将饱和脂肪酸推上导致冠心病等心脏疾病的最大饮食诱因。

这件丑闻使得数十年来对于糖类的探讨完全偏离了轨道。60年前的"冤案"直到2016年才彻底翻案。可见，专家也有被操控的风险，他们的话也未必全部可信。

即使专家能够做到完全公正，但专家是不是就足够权威呢？

答案是，要看专家对于一件事的评判是不是在自己专业领域内。

我们都知道，霍金是当代最伟大的物理学家之一，他发现了宇宙黑洞，改变了我们对宇宙的观念。但是，他曾经就人工智能做出了一个预测：人类文明将会被人工智能终结。

霍金的这个观点是否正确暂且不论，但严格来说，霍金并不是人工智能领域的专家，更不是人工智能对社会影响的评估专家，如果要评估人工智能对社会的影响，显然有比他更专业的人。这些更专业的人的观点，显然比霍金的判断更为可信。

任何一个专家，都只是某一个领域的权威，一旦脱离了其擅长的领域，遇到超出其研究或专业的问题，则与常人无异。所以，要看专家对于一件事的评判是不是在自己专业领域内。专家一旦超出自己的专业领域，进行相对发散的讨论的时候，常常并不能保证专业性。我们对专家的观点一定要警惕，不要过度迷信。绝大多数事情我们都无法百分之百地确定，不要非此即彼、非黑即白，要允许相互矛盾的证据存在。

那么，我们在不了解一个行业的时候，怎么能知道哪些观点是真、哪些观点是假呢？

针对这个问题，伯特兰·罗素曾经提出三条抑制人们接受所谓"知识垃圾"之倾向的规则：

· 当专家意见一致的时候，相反的观点就不可能是确实的。
· 当专家们意见相左时，没有一个观点能被非专家看作是确实的。
· 当专家全部认为一个肯定性的观点缺乏充分理由时，普通人以悬置判断为妥。

你看，罗素虽然告诉人们要听取专家的意见，但并没有让你放弃独立思考。专家自然会比常人对于某个领域有更深刻的认识，但也不能迷信专家的观点，要永远保持批判怀疑的态度。

所以总结起来，你在不了解一个行业的时候，最有效的方法往往是去请教行业内的专家。但不要迷信专家，特别是连专家的观点都无法统一时，要允许不同声音的存在，要有自己独立的思考，要拥有概率性思维，大胆假设，小心求证。

在上一节中，我们提到了调查访谈，学到了访谈的一些小技巧。公司走访是获取事实资料的重要途径，在行业分析中也免不了要分析该领域的领军企业的动向，那么我们需要获取些什么类型的信息呢？

首先，我们需要明确访谈的目的，即需要获取什么信息。比如做产业链分析，就要对产业链各个环节都要有所了解，所以一名分析师常常需要走访相关企业的高管、生产线上的监工、供应商、行业专家甚至客户的竞争对手。这些人拥有大量关键信息，很多访谈得来的信息甚至比从网上搜集到的二手信息更为重要。向受访对象提问，从对方的话语中得到答复，就是走访需要完成的任务。

我们不妨借鉴一下投资公司的尽职调查。一般尽职调查分为财务、法律、商业三个方面，财务和法律调查一般会交给会计事务所和律师事务所完成，所以我们主要研究一下商业尽职调查。

对于风险投资机构来说，优秀的公司有三大特质：

· 本身能够创造价值；

· 能以有意义的方式存续；

· 能够兑现自身创造的价值。

什么意思呢？

首先，一家优秀的公司本身能够解决行业痛点，具体到科技企业，就是能否把技术转化成产品去解决社会中现存的问题。其次，这家公司的经营状况良好，可以生存下来。我们生活中不乏一些红极一时但很快就销声匿迹的公司，这样的公司可能在短时间内聚集了大量财富，但后劲不足，不能算得上是一家成功的企业。最后，一家公司要有盈利的能力，有梦想是第一步，更重要的是支撑起梦想的财富。一家各方面都非常优秀的企业，因为缺乏好的商业模式而破产，这种案例屡见不鲜。

从这三个特质中，我们可以推断出如何分析一家企业。"创造价值"对应的是企业的产品是否能在市场中占据一席之地；"以有意义的方式存续"对应的是企业是否顺应趋势、制订了可持续发展的战略，在面临危机时能否有壮士断腕的勇气做取舍和决断；"兑现价值"则反映在经营状况和商业模式上，企业财报固然能够告诉你一些信息，但倾听企业员工的反馈可能会让你获取更加真实的情况。

与企业员工和高管访谈时，有很多种类的信息可以印证这家企业是否拥有以上三种特质。比如公司的知识产权清单、商业模式、团队核心成员、企业历史沿革、产品的市场占有率、产品的创新特点、开发计划、产品和技术工艺的发展趋势，等等。一般而言，尽职调查至少包含以下项目：

· 企业历史沿革：股权变动情况，重大历史事件等。
· 企业产品与技术：公司业务情况、技术来源。

- 行业分析：行业概况、行业机会与威胁，竞争对手分析。
- 优势和不足：哪些优势、核心竞争力；还存在不足或缺陷，有无解决或改进的办法。
- 发展规划：企业近期、中期的发展规划和长期发展战略，以及可实现性。
- 股权结构：股权结构情况的合理性分析。
- 高管结构：高管和技术人员的背景，优势、劣势分析。
- 财务分析：近年各项财务数据或指标情况的分析。
- 融资计划：近期融资计划、融资条件和实现可能性。
- 投资意见：对项目的总体意见或建议。

当然，不同的情况下调研的侧重点也不同。例如，如果是着眼于大行业的宽泛分析，那么财务分析、融资计划、投资意见等尽职调查里必不可少的环节就成了次要信息。如果你要投资一家企业，那它的财务状况就非常重要了。所以，调查的内容要根据你的研究目的做定制化的突出或削减。

小试牛刀

拟定一份企业的访谈提纲，提纲应服务于你的研究内容和研究目的。然后，试着去接触目标行业里的资深从业者，对他们进行走访或电话访谈。

进度： 进行中□　完成□

_____ 企业访谈提纲：

1. 企业历史沿革

1.1 _____

1.2 _____

1.3 _____

1.4 _____

2. 企业产品与技术

2.1 _____

2.2 _____

2.3 _____

2.4 _____

3. 企业所处行业分析

3.1 _____

3.2 _____

未来有三种人不会被人工智能取代：
创意工作者、人际连接者、复杂模式的判断者。

知识进阶

浑水公司是如何狙杀中国在美上市公司的[1]

在尽职调查这个行当里，可以说没有人比浑水公司（Muddy Waters Research Inc.）更专业。这家知名公司的核心人员只有四个人，但它却精准打击了多家在北美上市的中国公司，包括东方纸业（ONP）、绿诺科技（RINO）、多元环球水务（DGW）、中国高速传媒（CCME）、分众传媒、新东方、网秦，等等。这些中国经营的民企均因浑水公司的打击而股价大跌，有些甚至被交易所停牌或摘牌。浑水公司用了什么方法，让这些中国公司元气大伤呢？

浑水公司在过去几年里，打击成功率在95%以上。这样高的成功率，由一个只有四名核心成员的小公司独立完成显然是不可能的，所以浑水公司寻找了很多合作伙伴，并且构建了一条完整的狙杀链条：

浑水公司首先会选择、分析打击目标，位于中国的调查合作伙伴则负责帮助浑水公司完成调查。

---

[1]本案例由世界华人技术经理人协会副会长、美国詹姆斯麦迪逊大学教授陶庆久博士提供。

他们会进行非常深入的调查，甚至深入工厂，蹲点数门口经过的货车数量来判断工厂的经营情况，然后将调查结果形成分析报告。

与此同时，律师事务所会帮助浑水找到目标公司的法律漏洞，进而起诉目标公司。

此外，社会影响力也是必不可少的，浑水公司联络了传播媒体尽最大努力影响其他的投资人与浑水并肩作战。

最后，对冲基金给浑水公司提供了大量的资金用于做空，并且帮浑水设计打击方案。

有了完整的狙击链条，就可以进入实战了。

查阅资料，各方调研

第一步是选择打击对象。被盯上的中国企业大多有这样几个特征：中小规模，运行不规范，无危机心态，业务相对简单；多数通过反向收购上市，没有通过IPO的严格审核；信息的严重不对称——中美环境间、管理人员与股东间；资产和股价的严重泡沫化；出现问题信号——高管非正常离职，会计或审计公司非正常变更。

确定打击对象后，浑水公司接下来就要有目的地搜集情报。竞争情报收集是浑水公司最核心的工作之一，其流程与尽职调查近似。任何一个公司都不是生存在一个真空环境的，必然会同其他的网络关系发生交易，每一次交易必然留下痕迹。这些痕迹可以通过不同的渠道获得，例如，人力情报、现场调查、电话访谈、面谈、实地取证、重要文件证据，等等。这些调查需要一个团队来进行，调查团队中至少包括项目经理、业界专家、财务分析师、律师、技术支持、后勤支持、现场调查员。选定攻击对象后，浑水会对上市公司的各种公开资料做详细研读，这些资料包括招股说明书、年报、临时公告、官方网站、媒体报道。

根据目的搜索的信息，很多是碎片化的，这时候需要把碎片化的信息集合在一起，组成一个完整的分析图像。在这一步中，浑水公司会对比目标公司在中美两国公司注册、财务报表、税务报表、营运报表间的差别，发现其中的漏洞。然后分析上市公司披露信息是否逻辑自洽，并且对比实地调研的结果与公司对外披露信息。最后，浑水公司还会对目标公司的高管团队及关系人内部交易进行追查。

得出结论，打传媒战

分析得出结论形成报告后，下一步的行动就是传媒战，把结论尽可能地扩散出去，引起相应的行动，形成卖空打击。浑水公司会选择能够影响到投资人和股东的重要渠道，比如大型投资论坛，投放卖空报告。绝大部分做情报的工作的人是不会告诉你他做什么东

根据目的搜索的信息，很多是碎片化的，这时候需要把碎片化的信息集合在一起，组成一个完整的分析图像。

西的，但卖空是个例外，只有公开调查过程，才能让投资人了解这个行业内部的阴暗面，从而形成协同作战。

联结资本，精准打击

在形成足够的传播效应，有众多盟友可以协同作战后，就可以打击目标公司的股价。这需要对冲基金的配合，看准时机在高价位时对股票实施精准打击。

东方纸业是浑水公司打击的第一个中国目标。这家在纳斯达克上市的中国企业股价一度高达15美元，被浑水做空后，股价暴跌至2美元，此后一蹶不振。

在调查东方纸业的时候，浑水查看了东方纸业的财报，对比东方纸业和竞争对手的销售价格和毛利率

东方纸业老旧的机器设备
（资料来源：浑水公司公开报告）

被东方纸业列为"竞争对手"的山东晨鸣厂房情况
（资料来源：浑水公司公开报告）

后发现，东方纸业的毛利率水平处于一个不可能达到的高度，盈利水平与行业严重背离。

在进行现场调查和实地走访时，浑水对工厂周围拍了照，同时去查看了设备、库存废纸原料情况。将东方纸业的工厂照片与竞争对手晨鸣纸业、太阳纸业、玖龙纸业和华泰纸业对比后发现，东方纸业充其量是一个小作坊。

为了解公司真实经营情况，浑水对东方纸业的供应商进行了走访。实际核实以后发现，东方纸业的设备采购数据造假，其供应商的产能之和远小于东方纸业的采购量。

核对东方纸业的客户规模与采购量时，也发现处处矛盾。浑水通过电话沟通及客户官网披露的经营信息，逐一核对各个客户对东方纸业的实际采购量，最终判断出东方纸业虚增收入。

最后，浑水公司对东方纸业的工商注册文件进行核实，发现在国外的很多宣传与国内注册的事实不符。

基于上述调查，浑水公司最后形成做空报告，把东方纸业的股价从15美元左右打击到了2美元。整个调查过程非常专业，每一个具体项目都需要组成十个人左右的专业团队，不光要有本身的调查人员，同时还要有律师和会计师，以及具体行业的专家和IT部门的支持，集众人之力花费很长时间，阅读上万页的材料，最终形成了一份有说服力的报告。

可见，一份深度的尽职调查报告对于投资人来说多么重要。我们不能盲目地投资，即使目标公司出身名门，也不一定万无一失，一定要深入地跟踪分析，及早发现问题，降低风险。

07 梳理资料，查漏补缺

进行到这一步，你应该已经搜集了不少材料，并不是所有的资料都必定可信，而且你搜集的资料也不一定全面。

以无人机产业为例，市场调研公司高德纳的报告显示，2016年，全球无人机销售总量预计达到220万架，同比增长60%；营收同比增长36%，达到45亿美元。

然而，美国消费者科技协会（Consumer Technology Association）给出了一份完全不同的数据：单在美国市场，消费者去年就购买了240万架无人机，数量较2015年的110万架增长一倍以上。

为什么会产生这么大的差异？高德纳高级分析师杰拉尔德·范·霍伊给出了答案：这主要取决于如何定义无人机的概念。

范·霍伊使用了保守的定义，只计算了那些能够接入互联网的无人机。而美国消费者科技协会统计的数据，则包含了那些重量低于250克的小型无人机。它们既不需要处理数据，也不需要在美国联邦航空管理局进行注册。

这种例子屡见不鲜。所以，拿到数据之后不要轻易相信，要先对数据的类型进行甄别，将多方渠道的数据进行对比、整合，才能得出一份相对比较准确的数据。

在搜集资料的过程中，你对行业的认识在逐步加深，同时免不了会发现，似乎永远缺乏一些重要的论据来支撑你的假设，并且有些重要的信息被遗漏了，该怎么办呢？

大疆精灵4（1380克）

Axis Vidius（250克）

这时候你需要做三件事：

- 查漏补缺，完善所需要的信息，这个循环往复的过程很可能会在接下来的工作中伴随着你，不要紧，及时补充必要信息就好。
- 审视自己的假设，如果你认为信息已经搜集得非常充分，那么你就要看看是不是自己的假设出了问题。如果是，那就要及时调整自己的假设，不要试图让事实去适应假设。
- 在这个过程中，你还需要做一项非常重要的工作：对于已搜集到的资料，你需要按照信息来源分类，以学术论文和专业机构文献优先、企业年报次之、专业新闻再次之的顺序排序。同时，将多方数据进行对比，以印证信息的可信度。

记住：**数据是一切分析的基础，数据越贴近事实，你的分析和预测就会越准确。**

小试牛刀

将搜集到的资料按照可信度排序，参考多方数据来源，验证数据的真实性。经常做做类似的练习，有助于培养自己对于重要信息的敏感嗅觉。

进度： 进行中□　完成□

最具可信度的资料来源：

1. ....

2. ....

3. ....

4. ....

需要补充的资料有：

....

....

....

....

....

....

....

....

传统领域里,往往有现存的竞争者,你面临的是红海竞争,自然不容易成功,获取很高成长性的可能性也比较低,甚至容易被人模仿。而高科技往往是在开拓新领域,你只需要去尝试别人没做过的事。

第四章

研究分析，深入浅出

　　积累了足够多的资料，下一步就要把这些杂乱的数据整合起来，按照一定的方法从这堆数据中发现规律，得出结论。这就该轮到分析方法出场了。

　　分析方法的用途有多大？举个小例子，苹果公司内部非常喜欢使用一种叫作"四象限"的分析法来制定产品策略。1996年，乔布斯回归苹果重掌CEO之职。当时，苹果公司上年度亏损10亿美金，还有几个月就濒临破产，公司股价从1991年的每股70美元，跌至1996年底的每股17美元，市场份额更是从80年代末领先的12%跌至4%。

　　面对这个烂摊子，乔布斯做的非常重要的一件事，就是用四象限分析法制定了苹果之后的产品路线。他大刀阔斧地精简产品线，砍掉了四象限以外的产品。1998年，苹果推出了iMac电脑，引起巨大轰动。就是这样一种简单的分析方法，帮助苹果公司起死回生，终于结束了巨额亏损，在1998财年实现了3.09亿美元的盈利。

　　本章将教你包括四象限分析法在内的最常用的七大分析模型，并辅以案例让你更好地理解。这七种分析模型不仅适用于分析某个行业，在你遇到工作和生活上的问题时，大到评估你的职业竞争力，或者衡量一家公司的优劣，小到决定该买什么样的车、房，这些分析法都会帮助你做出更理性的决策。

　　本章为你准备了行业分析心法第四课"行业产业分析重中之重——产业链分析该怎么做？"、第五课"'韦小宝法则'教你判断一个团队靠不靠谱"。无论你是要加入一个团队或一家新公司谋求更好的职业发展，还是想寻找创业机会，抑或是要投资某个团队，你都需要这两条心法，帮你降低看走眼的风险，避免让自己的时间、金钱打水漂。

本章核心目标	掌握分析方法，展开分析
本章核心技能	通过练习本章节内容，你将： 1. 掌握七大分析模型 2. 学会构建行业分析报告的框架
难　　度	★★★★★
行业分析心法第四课	行业产业分析重中之重——产业链分析该怎么做？
行业分析心法第五课	"韦小宝法则"教你判断一个团队靠不靠谱

01 构建分析基本框架

资料搜集是第一步，现在，你手头应该已经积累了不少一手和二手资料。现在，你需要做的就是阅读现有的资料，对这个行业进行全面的了解，同时梳理思路，逐步构想分析的基本框架。

基本框架是分析内容的细化，是分析目的的体现，所以分析的框架会随着分析内容有针对性地变化。一般而言，如果是做投资分析，考虑的因素越全面，预测的准确性就会越高。

一份全面的分析框架包含以下项目：

行业发展概述

·行业概述；

·最近 3～5 年的行业经济指标：包括盈利性、成长速度、附加值的提升空间、进入壁垒 / 退出机制、风险性、行业周期、竞争激烈程度等。

行业发展环境

·全球经济环境：全球经济环境对行业发展的影响；

·区域经济环境；

·社会环境：人口、教育、文化等环境分析、居民消费观念和习惯、社会环境对行业的影响；

　·政策环境；

　·行业技术环境：技术水平发展现状、专利数量、技术人才发展现状。

全球该行业发展概况及应用情况

　·全球市场总体情况：行业发展概况及特点、市场结构、行业竞争格局、市场区域分布；

　·主要国家（地区）市场分析。

市场供需形势分析

　·行业供给情况：行业供给分析、行业产品产量、重点企业产能及占有份额；

　·行业需求情况：行业需求市场、行业客户结构、行业需求的地区差异；

　·市场应用及需求预测。

产业结构分析

　·产业链结构分析（上游、下游）；

　·产业链条的竞争优势分析；

　·该行业应用结构发展预测。

行业竞争形式及策略

·行业总体市场竞争状况分析；

·行业重点企业分析：企业发展概况、企业经营情况、企业产品结构、企业渠道、企业主要客户、企业竞争优势、企业发展战略。

行业前景及趋势预测

·技术发展趋势；

·产品发展趋势；

·产品应用趋势。

投资价值评估

·进入壁垒；

·盈利因素；

·盈利模式。

未来 X 年行业发展影响因素

·有利因素；

·不利因素。

行业投资机会

· 产业链投资机会;

· 行业风险预测与防范。

行业投资发展战略及建议

由于行业分析存在个性化的需求，所以不是每部分都有必要凸显出来，只要能充分证实你的结论和预测，几个重点环节的分析可能就足够了。

现在，回顾你之前写下的分析内容和分析目的，初步构建你的分析框架，注意遵循MECE原则。在这个过程中，你很可能需要借助他人的智慧，头脑风暴是一个不错的选择。

小试牛刀

根据你的行业分析目的和分析内容，为你的行业分析报告拟定大分析框架。确定大框架后，使用逻辑树分析法对大的框架进行细分。

进度：进行中☐　完成☐

完善下列行业报告粗略分析框架（不在分析目的之内的部分可以忽略）：

1. 行业发展概述

1.1 _____

1.2 _____

1.3 _____

2. 行业发展环境

2.1 _____

2.2 _____

2.3 _____

3. 全球该行业发展概况及应用情况

3.1 _____

3.2 _____

3.3 _____

4. 市场供需形势分析

4.1 ....

4.2 ....

4.3 ....

5. 产业结构分析

5.1 ....

5.2 ....

5.3 ....

6. 行业竞争形式及策略

6.1 ....

6.2 ....

6.3 ....

7. 行业前景及趋势预测

7.1 ....

7.2 ....

7.3 ....

8. 投资价值评估

8.1 ....

8.2 ....

8.3 ....

9. 未来x年行业发展影响因素

9.1 _____

9.2 _____

9.3 _____

10. 行业投资机会

10.1 _____

10.2 _____

10.3 _____

11. 行业投资发展战略及建议

11.1 _____

11.2 _____

11.3 _____

很多人觉得灵光一闪，想到一个好点子，就叫创新。其实当下的创新更像是在一个紧密结合的社会网络中，不同专长的人在一起的协作。高效协作的前提，就是每个人都有独特的优势。这些优势能够高度地协同，做别人做不到的事。

02 用科学的分析方法指导工作

确定好框架后，接下来，我们要做的就是基于你搜集到的事实，分析该行业的发展现状和发展态势。

行业分析中会采用很多种研究方法。从简单的数据采集到数据分析，从对比分析到推理演绎；从文字描述到模型分析，目的就是为了使论证更加严密，分析更加科学理性，结论和建议更加有指导意义。

不同的分析方法/分析模型，常常适用于不同的研究内容。例如，SWOT分析法常常用于企业的战略规划，价值链分析则主要用于优化企业的业务流程，而对比分析法则有更广泛的适用范围。根据分析内容灵活地选择分析方法，是一个熟练的分析师应该掌握的技巧。在正式学习分析方法之前，我们先来做个热身运动：

> 很多人在分析问题的时候，第一时间会在自己的经验库里搜集之前的应对方法，然后对照之前的老办法去解决眼前的问题，而不是依靠一套科学的分析方法，完成对问题的分析和解决。当你的经验足够充分的时候，凭直觉确实可以做出比较正确的判断，但这样做的一个坏处是：面对新的问题时，你的经验库就不够用了，你对问题的分析不够准确，提出的往往是碎片化的解决方法，而不是一套系统的解决方案。

接下来我们要学习的就是一套科学的分析方法，这些方法会让你轻松地面对所有的问题。所以在这之前，你需要把之前解决问题的惯性思维装进大脑中一个封闭的小盒子里，在接下来的分析中，尽可能地使用我们即将介绍的一系列分析方法，直到这些分析方法能够在你分析问题的第一时间出现在你的脑海中。

小试牛刀

你以前是如何分析问题的？这样的分析方法有什么优势和劣势？

进度：进行中□　完成□

你在分析问题时，一般的习惯是：

□根据经验来判断

□根据数据来判断

□根据其他人的建议判断

□其他（请在下方填写详细信息）

_____

_____

_____

_____

_____

_____

这样做的好处是：

_____

_____

这样做的坏处是：

中国拥有一流的制造业，
加上三个定语就是世界唯一：
大规模的、复杂产品的、开放制造能力。

03 PEST分析法

还记得我们列出的分析框架最开始的部分——行业发展环境分析吗？PEST分析法就是为了这一部分量身定制的。

PEST是四个英文单词的首字母缩写：

- P指政治环境(politics)，包括一个国家的社会制度，政府的方针、政策、法令等。
- E指经济环境(economy)，主要包括宏观和微观两方面。宏观经济环境包括国民收入、国民生产总值及其变化情况以及通过这些指标能够反映的国民经济发展水平和发展速度。微观经济环境主要指企业所在地区或所服务地区的消费者的收入水平、消费偏好、储蓄情况、就业程度等因素。这些因素直接决定着企业目前及未来的市场大小。
- S指社会环境(society)，包括一个国家或地区的居民教育程度和文化水平、宗教信仰、风俗习惯、审美观点、价值观念等。
- T指技术环境(technology)。包括与企业所处领域的活动直接相关的技术手段的发展变化，国家对科技开发的投资和支持重点，该领域技术发展动态和研究开发费用总额，技术转移和技术商品化速度，专利及其保护情况，等等。

如上文所述，PEST分析法是对宏观环境的分析。在分析一个企业或行业所处的宏观背景的时候，通常就是选取这四个因

特斯拉 Model X

素来进行分析。

举个例子，2013年底，美国电动车公司特斯拉宣布进入中国市场。对特斯拉来说，面临怎样的大环境呢？与中国本土的汽车厂商相比，特斯拉拥有怎样的优势和劣势呢？我们用PEST分析法来做个简要分析：

P（政治环境分析）

随着中国经济的蓬勃发展，工业废水、工业废气、汽车尾气等导致的环境污染也不断加剧。在低碳环保成为世界主流声音的今天，中国政府也越来越重视对国内环境污染问题的治理，许多针对新能源汽车的利好政策相继出台。

例如，在北京、上海、广州、深圳等城市，购买电动汽车可以享受国家新能源补贴。此外，根据当地政策，消费者还可以享受区域性新能源补贴及免除征收购置税的政策优惠。

不仅如此，在一些限制汽车牌号发放的城市和地区，电动汽车还可以享受免于摇号上牌的政策，甚至可以免交上牌手续费。如今，在北京参与摇号购买传统能源汽车，中签率已经低于1/800，而且，摇号只能每两个月一次。而电动车的指标较多，而且无须摇号，只需排队等候指标即可，这对消费者来说无疑是巨大的诱惑。

但是，这些优惠政策只针对中国制造的电动汽车，作为进口汽车的特斯拉，其消费者与这些优惠政策就无缘了。正因为国内政策偏向国内电动汽车品牌，所以，政治这一宏观因素不仅没有给特斯拉带来好处，还会给特斯拉的市场份额带来直接威胁。

S（社会环境分析）

由于环境污染日益加剧，消费者在日常生活中的环保意识也逐渐觉醒。人们在消费时，比以前更加注重节能减排，纯电动汽车以电力这一清洁可再生能源为唯一动力，刚好契合了消费者的这一需求。这对于特斯拉来说是一大优势。

但是，特斯拉也面临着另一个挑战，那就是共享经济这种新商业模式的冲击。沙利文全球总裁阿洛普·祖特希（Aroop Zutshi）认为，过去，人们会非常注重拥有某些东西，现在，越来越多的人倾向于不再拥有某些东西，而是对拥有的权利进行一种交易，比如优步、滴滴的租车模式，未来人们将会更加注重对拥有的权利进行互动。人们价值观的转变，也会对特斯拉造成一定的影响。

E（经济环境分析）

中国虽然是GDP大国，但是由于人均家庭可支配收入的限制，对于高质量的电动汽车的消费能力十分有限。

特斯拉此前的电动汽车在中国市场的报价平均是普通国产电动汽车的3～5倍。一辆特斯拉Model S标准版售价约为70万人民币，一辆Model X标准版售价约为80万人民币。而国产新能源汽车的平均价格在20万～30万人民币，加上政府补贴，价格会更低。二者价格悬殊。

为了争夺大众市场，特斯拉推出了最新款车型Model 3，售价仅为3.5万美元（将购置税、保险算在内，一辆Model 3售价约为人民币40万元），并于2017年7月将首批30辆交付车主。鉴于其品牌优势，以及Model 3较有竞争力的价格，预计可以获得不少中国消费者的青睐。

此外，2014年7月以来，国际原油价格大幅下降。2014年时，原油价格一度达到107美元一桶，现在，原油价格仅为45美元一桶。油价的下降无疑会对新能源汽车的消费产生一定的消极影响，特别是在消费水平并不超前的中国，特斯拉难逃其影响。

另外，中国汽车产业起步较晚，在电动汽车的基础设施建设环节较为薄弱。特斯拉电动车充电有两种选择，一是在特斯拉的超级充电站或超级充电桩充电，二是在自家安装充电桩充电。在中国，大多数城市居民都居住在住宅小区，车库也往往是公共区域，如果要安装充电桩，需要得到物业和其他业主的同意。这在无形中增加了用户的使用成本，是特斯拉和其他新能源汽车厂商面临的一道难题。

T（技术环境分析）

　　作为电动汽车的开拓者，特斯拉一直处于技术领先的垄断地位。就汽车整体的安全性来讲，中国汽车产业整体发展晚，技术落后于美国，处于劣势地位。

　　就电动汽车的整体性能来讲，特斯拉使其产品的基本性能达到传统跑车水平，以Model S为例，标配版最高时速可达225公里，百公里加速仅需4.6秒。高配版的Model S百公里加速甚至可以达到2.7秒，完全可以与法拉利、保时捷等传统超级跑车相媲美。而这种综合性能的高度是国内电动汽车暂时无法企及的。

　　而另一项至关重要的数据——电动汽车续航能力，Model S标配版续驶里程可达480公里，高配版可达613公里。相比之下，国内电动汽车的续航水平则普遍在350公里左右，二者存在着不小的差距。

　　就汽车电力补给来说，特斯拉独创了90秒更换汽车电池的换电系统，对于很多消费者来说具有巨大的吸引力。

　　早在2014年，特斯拉宣布开放旗下所有电动汽车的相关专利（700项专利＋未来专利），极大地推动了整个电动汽车产业的发展。理论上，中国的汽车品牌与特斯拉掌握了同等程度的技术专利。但是，由于国内汽车业整体发展落后，加之特斯拉本身就是电动汽车的领军者，所以总体而言中国的科技环境因素对特斯拉来说更为有利。

小试牛刀

你所要分析的行业或企业处在怎样的大环境中？试着用PEST分析法进行分析，写下你的分析过程。

进度：进行中□　完成□

_____行业PEST分析：

1. P（政治环境）分析：

···

···

···

···

···

2. E（经济环境）分析：

···

···

···

···

···

···

3. S（社会环境）分析：

4. T（技术环境）分析：

新时代的投资理念有四点：
理解科技、重视成长、承担风险、布局产业。

04 比较研究法之纵向对比

比较研究法是常用的一种研究方法，最早的运用可以追溯到亚里士多德所制的《雅典政制》，书中对158个城邦政治宪法进行了比较。今天，比较研究法已经被广泛地运用于科学研究的各个领域。

比较研究法又分为横向比较和纵向比较。横向比较一般是取某一时点的状态或者某一固定时段（比如一年）的指标，在横截面上对研究对象及其比较对象进行比较研究。纵向比较研究主要是利用行业的历史数据，分析过去的增长情况，并据此预测行业的未来发展趋势。纵向对比和横向对比相辅相成，利用比较研究法可以直接和方便地观察行业的发展状态和比较优势。

我们首先来实践一下纵向比较法。为了更形象地理解这种方法，我们举个简单的例子。以VR/AR产业的融资情况为例，根据CB Insights的数据，2014年，第一、第二、第三、第四季度的融资金额分别达到8600万美元、4000万美元、6800万美元、6.3亿美元；2015年的融资金额则分别达到2.35亿美元、1.61亿美元、1.85亿美元、3.34亿美元；2016年，这个数字变成了11.24亿美元、2.20亿美元、3.72亿美元、3.70亿美元；2017年第一季度的融资金额则达到了1.96亿美元。截至5月12日，2017年度的融资金额已经达到7.79亿美元。

从交易数量来看，2014年，第一、第二、第三、第四季度的融资数量分别达到了17笔、12笔、19笔、19笔；2015年，四个季度的数字分别为39笔、27笔、40笔、55笔；到了2016年，这个数字分别为50、40、59、50；2017年第一季度，交易数量达到了80笔。

仅仅是对比过去三年的数据，你可能就会对VR/AR产业的投资趋势做出几个推断：资本方从2015年开始关注VR/AR领域；VR/AR领域的融资金额近三年来虽然起落幅度较大，但总体上呈曲折上涨的趋势。你甚至可以做出一些比较细致的推断，比如2016年第一季度虽然融资额度历史上最高（11.24亿美元），但交易数量不是最多的（50笔），2015年第四季度同样是55笔交易，但融资总额仅为3.34亿美元。所以有理由怀疑，2016年第一季度的融资其中很大一部分额度是由少数几家明星公司贡献的，而资本市场整体并非像2015年那样繁荣。基于这些推断，你可以搜集更多的数据来支撑、补充、验证。

现在，结合搜集到的历史数据，比如市场增长率、融资情况、市场规模，等等，你可以试着去做一些纵向对比，做出一系列推论，再结合其他数据来佐证、补充。

小试牛刀

列举你搜集到的行业历史数据，将它们进行对比分析，你能得出什么结论？写下你的结论和分析过程。

进度： 进行中☐　完成☐

通过对比过去＿＿＿＿＿＿＿年 / 季度 / 月的＿＿＿＿＿＿＿＿＿＿＿数据，可以得出以下结论：

企业经营像顺水推舟，一方面大趋势要掌握，要顺流而下，不要逆流而上；另一方面，就要不断地根据河的变动方向来调整自己行船的方向。

05 图表的力量

比较研究法虽然能够让我们找出很多行业发展的线索，但实际上，只要稍微做出一点点改变，数据就会更加直观地呈现在我们眼前，我们很可能会从这些数据中推断出更多的信息。这就是图表的力量。

市面上有很多数据可视化的工具，有些需要编程基础，例如基于 R 语言的 ggplot、基于 Java 的 Processing、基于 Python 的 Nodebox 等，有些则不需要编程基础，例如 Tableau、Infogram、国内的国云大数据魔镜，等等。在更多的情况下，很多图表其实用 Excel 就可以实现，学会使用这些工具，也是提升人机交互能力的表现。

我们试着把上一节中的例子制成图表，或者我们换一个更加"高大上"的说法，叫"数据可视化"。

制成图非常直观，如图 4-1 所示。

你可能已经注意到图表的右下角标注了资料来源，这不仅是一个很好的习惯，也是非常重要的内容。一方面，阅读图表的读者经常想要知道数据的来源；另一方面，你在未来查阅这些图表时，可以很方便地将这些数据溯源。

除了上面的柱状图以外，还有很多其他图表的种类，比如，可以清晰明了地显示比例的扇形图、可以更为直观地展示数据走向的线图、统计中常用的散点图，等等。重要的是基于特定的数据选择合适的图表，这很可能对梳理你的思路大有帮助。

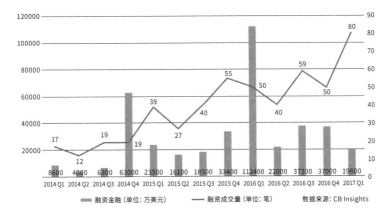

图 4-1 2014 年第一季度 ~ 2017 年第一季度全球 VR/AR 融资情况

小试牛刀

尝试将搜集到的数据制作成一张图表，你可以打印下来贴在书的右侧。

要点：每张图表不要包含过多种类的信息。你搜集到的信息也许相当复杂，表达了很多种观点或看法，而你的任务就是选择从哪一点来表达。图表越简洁明了，信息的传递效率越高。

进度：进行中□　完成□

_____概况图：

中国人海外投资三大误区：
跑硅谷、找华人、投互联网。

06 比较研究法之横向对比

与纵向对比不同，横向对比分析法指的是选取某一固定时段指标，在这个横截面上对多个研究对象进行比对分析，观察行业的发展状态，例如行业领导者的增长比较研究、营销策略比较研究等等。通过横向对比分析法，你可以清楚地看到行业的发展动态。

一个经典案例就是比亚迪与富士康的市场争夺战。

你可能会奇怪，一个是国内赫赫有名的汽车制造商，一个是知名的手机代工厂，两者有什么可比性呢？你可能不知道，比亚迪早在20世纪末就已经进入了IT代工领域，曾经是国内数一数二的手机代工厂商，从2003年开始，比亚迪甚至大肆从富士康挖墙脚并争夺客户。从2007年之后，两家手机代工厂的差距迅速拉开。这段时间发生了什么呢？

选取2007～2010年这一时间段来看，同一时期的富士康和比亚迪处于两种完全不同的状态——富士康蓬勃发展，比亚迪持续低迷。究其原因，在这三年当中，富士康一家包揽了苹果公司所有iPhone的生产，通过给iPhone代工取得了非常强大的手机制造能力和产业链控制力，而在同一时期，原本与富士康势均力敌的比亚迪处于萎靡不振的状态，与富士康的差距被迅速拉开。

同一时期的分化也体现在手机厂商中。一代iPhone大获全胜之后，苹果公司进入高速发展状态，手机也由此进入智能化时代。曾经的手机界老大诺基亚、摩托罗拉每况愈下，而比亚迪恰恰是这两家公司的代工厂商。

基于这两项对比，可以看出，比亚迪的失利，实际上是智能手机这个新物种的胜利，是新的技术对落后技术的颠覆。正是因为接纳了这个新物种，大胆对接国外先进技术，富士康才能牢牢占据手机代工领域的龙头地位。今天，富士康已经成为苹果最主要的代工厂商，大约有七成的iPhone全部由富士康代工而成。而富士康也凭借自己强大的制造能力和产业链控制力，成为国内诸如小米、魅族等众多手机品牌的代工厂商。

站在科技带来的一次又一次分水岭上，类似的故事总是不断地上演。通过横向对比，你可以掌握行业的发展动态和龙头企业的动向，拨开迷雾看清投资或创业方向。

如果你能坚持每个月都去搜集行业动态，做横向对比，相信用不了多久，你对这个行业的风吹草动就会了如指掌。所有的分析方法只能让你的分析更为科学，唯有长期的专注才能让你真正成为一个内行。

小试牛刀

你所分析的行业内领军企业有哪些？它们最近有什么样的动作？试着去对比行业内的一些顶尖企业，重点了解它们最近的动态，基本上你就可以一窥行业现状。

进度：进行中□　完成□

你所分析的行业领军者有：

1. ＿＿＿＿＿＿＿＿＿＿＿＿＿＿＿公司

它的近期动态是：

....

....

业务部署方面：

....

....

融资并购方面：

....

....

2. _____公司

它的近期动态是：

....

....

业务部署方面：

....

....

融资并购方面：

....

....

....

....

3. _____公司

它的近期动态是：

....

....

....

业务部署方面：

融资并购方面：

以上几家企业的动态显示出，近期的行业热点集中在：

每个时代都有待解决的问题，
成功者则是掌握了时代创新的本质。

07 注意行业生命周期

行业的生命周期指行业从出现到完全退出社会经济活动所经历的时间。行业的生命发展周期主要包括四个发展阶段：幼稚期、成长期、成熟期、衰退期。

然而，真实的情况远远比理论上的情况微妙得多。没有长久不衰的企业，也没有永续繁荣的行业。企业要想长盛不衰，一方面需要着眼未来，提早进行布局；另一方面，也要认清自己所在的行业处于周期的哪一部分，是朝阳产业还是夕阳产业，提早培养自己的进化能力。

那么，如何判断自己所在的行业处于生命周期的哪个阶段呢？

举个例子，半导体芯片行业里有个"摩尔定律"，由英特尔创始人之一戈登·摩尔提出。这条定律认为，当价格不变时，集成电路上可容纳的元器件的数目，每隔18 ~ 24个月便会增加一倍，性能也将提升一倍。随着计算能力逼近硅基芯片的极限，很多人认为摩尔定律要走到头了。那么，你觉得芯片行业要没落了吗？

要回答这个问题，就要先看看行业周期分哪几部分、依据什么样的指标来判断。

判断行业生命周期有多个指标可以参照，例如：市场增长率、需求增长率、产品品种、竞争者数量、进入壁垒及退出壁垒、技术变革、用户购买行为等。

在幼稚期时，市场增长率较高，需求增长较快，技术变动较大，行业中的用户主要致力于开辟新用户、占领市场，但此时技术上有很大的不确定性，在产品、市场、服务等策略上有很大的余地，对行业特点、行业竞争状况、用户特点等方面的信息掌握不多，企业进入壁垒较低。

进入成长期，市场增长率依旧很高，需求高速增长，技术渐趋定型，行业特点、行业竞争状况及用户特点已比较明朗，但此时的企业进入壁垒已经提高，产品品种及竞争者数量增多。

到了成熟期，市场增长率开始放缓，需求增长率降低，技术上已经成熟，行业特点、行业竞争状况及用户特点非常清楚和稳定，行业盈利能力下降，新产品和产品的新用途开发更为困难，行业进入壁垒很高。

进入衰退期，市场增长率逐渐下降，需求下降，产品品种及竞争者数目减少。

根据这些指标表现，你可以大致判断出所在行业处于哪一个生命周期阶段，从而对该行业属于夕阳产业还是朝阳产业、未来五年会更有前景还是会一步步走向衰落有全面、宏观的判断，这对于看清产业大趋势来说非常重要。

明确了每个阶段的特点，就可以判断芯片行业处于哪一阶段了。芯片行业绝不是处于衰退期，而是处于成熟期。

首先，尽管芯片行业的市场增长率放缓，但它已经成为一门支柱性产业。随着人工智能、自动驾驶、虚拟现实等新兴行业的兴起，对于芯片的需求仍然旺盛。根据世界半导体贸易统计组织WSTS的数据，2016年全球实现半导体销售额3389.31亿美元，同比增长1.12%，2003～2016年的复合增速为5.21%，2020年有望达到4000亿美元的市场规模。

其次，芯片行业已形成寡头竞争，而寡头的出现意味着行业进入门槛非常高，竞争惨烈，这恰恰是行业成熟的一个表现。以高通、英特尔、英伟达、美光、三星、联发科等为代表的芯片巨头将在GPU、FPGA、ASIC [1]等芯片领域一争高下。

再次，硅基芯片的技术已经十分成熟。芯片巨头正在将硅基芯片的物理性能逼向极限，从14纳米，到10纳米，再到7纳米、5纳米，数字越小，可想象的空间就越小。随着硅基芯片的物理性能逼近极限，碳基芯片的开发开始引起关注。尽管在短时间内，硅材料还不会被其他材料取代，但碳基芯片已经成为科学家和业界探索的重要方向之一。

根据这些表现，我们足以推断出芯片行业已进入成熟阶段。

[1] Application-Specific Integrated Circuit，专用集成电路，缩写为ASIC。

小试牛刀

你正在分析的产业属于朝阳产业还是夕阳产业? 它处于行业生命周期的哪个阶段? 为什么? 请写下你的答案。

进度: **进行中**□ **完成**□

你所分析的行业属于:

□朝阳产业 □成熟产业 □夕阳产业

该行业处于生命周期的:

□幼稚期 □成长期 □成熟期 □衰退期

判断的依据是:

市场增长率:

需求增长率：

产品品种：

竞争者数量：

进入壁垒及退出壁垒：

技术变革：

用户购买行为：

创新是一条很难走的路，
但是对于很多创新者来说，
创新是唯一可以改变世界的路。

08 从波特五力分析模型到合作竞争模型

　　哈佛商学院的迈克尔·波特教授在20世纪80年代初提出了一项非常著名的分析模型：五力分析模型（Five Forces Model）。

　　五力分析模型一般用于企业竞争战略的分析，可以有效地分析客户的竞争环境，也可用于行业分析（见图4-2）。五力（five forces）分别指：供应商的讨价还价能力、购买者的讨价还价能力、潜在竞争者进入的能力、替代品的替代能力、行业内竞争者现在的竞争能力。下面我们来分别了解一下这五种因素。

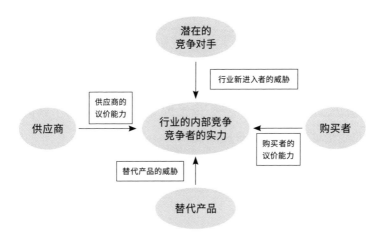

图4-2 五力分析模型示意图

两个"垂直"竞争

供方主要通过其提高投入要素价格与降低单位价值质量的能力，来影响行业中现有企业的盈利能力与产品竞争力。当供方所提供的投入要素其价值构成了买主产品总成本的较大比例、对买主产品生产过程非常重要、或者严重影响买主产品的质量时，供方对于买主的潜在讨价还价力量就大大增强。

我们来举个例子，我们都知道用电脑玩游戏，显卡的配置越高，电脑的图形处理效果就越好，玩起游戏来就没有卡顿，所以显卡的好坏就成了消费者（特别是游戏玩家）在挑选笔记本时首要考虑的要素之一。从产业链上看，显卡制造商是PC制造商的供应商，可以想象英伟达和联想，前者是全球知名的显卡制造商，后者是国内老牌PC制造商。英伟达以GPU著称，基于其GPU的显卡可以安装在多家PC品牌的电脑上，但联想的选择少很多，因为全世界的显卡芯片基本上都被英伟达、AMD、英特尔所垄断，其中英伟达的全球显卡市场份额高达70%。可以看出，在个人电脑这一行，对于PC制造商来说，显卡制造商（也就是供应商）的议价能力非常强。

三个"水平"竞争

新进入者在给行业带来新生产能力、新资源的同时，将会与现有企业发生原材料与市场份额的竞争，最终导致行业中现有企业盈利水平降低，严重的话还有可能危及这些企业的生存。

这里面典型的例子就是苹果公司。在 2007 年 iPhone 出现之前，诺基亚在全球手机市场上还处于无可争议的霸主地位，其 2006 年全年净销售额曾创下 411 亿欧元的历史记录。然而在苹果出现后短短四年，诺基亚就丧失了全球手机销量第一的地位。

我们再看看替代产品。替代产品指的是与本行业产品有同样功能的其他产品。19 世纪之前的欧洲还是马车的天下，那时候的人们有没有需求呢？当然有，人们希望马车跑的越快越好。为了满足这种用户需求，马夫要不断地改良马的品种，给马喂优质草料，想方设法让马跑得快一点。不幸的是，没多久汽车就被发明出来了，马车逐渐变成了古董，到今天，马车这个行当基本已经不复存在。马夫们犯的错误，就是错误地以为只要线性地提高产品的性能，就可以让产品长盛不衰，而没有注意到被新生事物彻底取代的威胁。在今天这个技术为全行业赋能的时代，必须对科技有充分的、全局的了解，才有可能避免被新鲜事物突然取代。

以上四条都是影响一个行业或企业的外部因素，最后，我们来看看内部因素——竞争者的实力。我们一直在强调要树立自己的壁垒，无论是行业壁垒还是技术壁垒，因为如果一个行业进入障碍低，势均力敌的竞争对手众多，或者竞争者提供严重同质化的产品和服务的时候，基本上就只能靠"烧钱大战"来解决问题了，就像当年的优步和滴滴、今天的 ofo 和摩拜。打铁还需自身硬，一家公司要想不被取代，最重要的还是要提高自己的竞争实力。

根据对五种竞争力量的讨论，企业可以采取尽可能地将自身的经营与竞争力量隔绝开来、努力从自身利益需要出发影响行业竞争规则、先占领有利的市场地位再发起进攻性竞争行动等手段，来对付这五种竞争力量，以增强自己的市场地位与竞争实力。

需要注意的是，五力模型只提及了五种类型的竞争，却没有提及合作，这是不全面的。著名经济学家拜瑞·内勒巴夫（Barry J. Nalebuff）与亚当·布兰登勃格（Adam M. Brandenburger）合著的《合作竞争》（*Co-Opetition: A Revolution Mindset that Combines Competition and Cooperation*）一书认为，传统的商业战略大都注重竞争，而忽视了互补性，如果缺少互补，公司就不得不和别人合作来创造互补。如果一种产品或服务能够让另一种产品或服务更具吸引力，那它就可以被称为互补者。

书中创造性地提出了合作竞争（co-opetition）这个概念，在合作竞争价值链中，商业活动的参与者包含了五种角色（见图4-3）：纵向为顾客和供应商，横向为竞争者和互补者，最后是公司自身。而竞争和互补在五个参与者上始终有所体现。

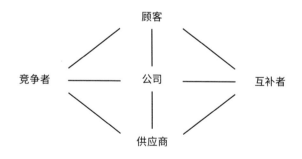

图4-3 合作竞争价值链

互补性对于商业成功有多重要？我们可以回顾一下过去的成功案例。20世纪的时候，汽车是一种很贵的产品，消费者即使想买也没有现钱。这时候银行和信用机构就成了汽车公司的互补者，这些机构贷款给消费者，让他们有钱购买汽车。但汽车贷款不是那么容易得到的，于是通用汽车公司在1919年成立了通用汽车承兑公司，福特公司在1959年成立了福特贷款机构，让消费者可以更方便、更容易地获得贷款。这样做的好处显而易见：便捷的贷款使人们能购买更多的汽车，而对汽车购买需求的增长又促进了福特公司和通用汽车公司的贷款业务。在相当长的一段时间里，福特公司从贷款中赚的钱比制造汽车的盈利还要多。

互补性思维同样也可以解释一些商业失败的原因。比如索尼在1975年推出的Betamax格式录像机，一度是电视机记录领域的霸主。没过多久，日本JVC公司研发了VHS格式录像机。虽然Betamax在技术上的某些方面比VHS更强大，但是Betamax格式录像机可租借的影片太少，最后落败，市场份额被JVC公司占据了60%。

今天，互补性在商业活动中甚至比竞争来得更重要，特别是在新兴的行业中，创业者要挑战的是陈腐的既得利益者，而互补性思维恰恰就是想办法把市场做得更大，而不是与竞争者争夺一个现有的市场。这很好地解释了特斯拉为什么在2014年开源了所有的电动车制造专利，免费给所有公司使用。当时新能源车在北美的市场份额只占1%左右，特斯拉的创始人马斯克明白，新能源车的对手不是同行，而是传统的燃油车。要想打败燃油车，就要尽可能地团结一切力量，要使电动车技术广泛应用，特别是核心技术的充电系统，这是一个社会化的工程，因为单凭特斯拉一己之力，是不可能完成充电网络布局的。而开源可以尽可能地聚集更多的新能源汽车开发者，只有整个新能源汽车产业被市场认可，特斯拉才能有更广泛的增长空间。

所以在当时的情况下，对于特斯拉来说，其他新能源汽车制造商既是竞争者，也是互补者。这就引出了竞争者和互补者更深层的关系：竞争者有时候也兼具互补者的角色。

比如，在教育领域，各大高校为了争夺师资和生源相互竞争，它们彼此为竞争者，但同时，它们在为高等教育创造市场方面又是各自的互补者。当高中生们知道有更多好学校可以选择时，他们考大学的意愿就会更强烈。当大学生们知道未来会有很多学校可以提供工作岗位时，他们才会有意愿去报考博士生。

既然竞争者和互补者的界限往往不清晰，那么如何分辨二者呢？

事实上，没有任何一个简单的办法可以将竞争者、互补者、顾客、供应商完全割裂开来，竞争者可能在某种情况下就变成了互补者，供应商也有可能变成竞争者。在这条价值链当中，一个角色兼具几种身份很正常。

一般来说，如果顾客在同时拥有你和其他参与者的产品时获得的价值，比单独拥有你的产品时获得的价值要高，这个参与者就是你的互补者，比如汽车保险公司就是汽车制造商的互补者；反过来，如果顾客在同时拥有你和其他参与者的产品时获得的价值，比单独拥有你的产品时得到的价值要低，那这个参与者就是你的竞争者，比如同时摆在你面前的可口可乐和百事可乐。

传统的定义认为，竞争者就是你所在行业里的其他公司。但是如果按照上面所说的方法来确定竞争者和互补者，产业界限就会变得无关紧要。你会从顾客的角度出发，去思考你的产品价值所在。假如你有一家银行，那你的顾客所需要的产品就是便捷的交易方式，从这个角度出发，那些致力于开发电子货币、联机转账之类的互联网公司，最终会成为银行的竞争者，尽管他们来自根本不同的行业。

在今天这个强强合作的时代，我们更强调用长板与其他长板对接，共拼一只新的木桶，因此互补的力量显得尤为重要。竞争固然存在，但用长板对接长板，合作共赢，才是这一轮创新浪潮最大的特点。

小试牛刀

你所在的公司最大的竞争对手是谁？谁是你们产品的互补者？请运用五力分析模型和合作竞争理念对目标行业的产业环境进行分析。

进度： 进行中□　完成□

1. 顾客分析

2. 供应商分析

3. 竞争者分析

3.1 竞争者自身实力分析

3.2 潜在的竞争对手分析

3.3 替代产品分析

4. 互补者分析

> 中国制造业过去一直过于强调怎么造了。真正让制造业科技升级的并不是如何造，而是造什么，是如何跟世界最先进的科技研发来对接。富士康取得了苹果的代工资格后，就有了很强的手机制造能力。

09 SWOT分析法

在企业的战略规划报告里，SWOT分析法是广为人知的分析工具之一。SWOT分析法常常被用于制定集团发展战略和分析竞争对手情况，其优点在于考虑问题全面，而且可以把问题的"诊断"和"开处方"紧密结合在一起，条理清楚，便于检验。而且，SWOT分析法使用范围非常广泛，大到企业战略制定，小到个人目标规划，适用性极强。

SWOT具体是什么意思呢？

SWOT分别是Strength、Weakness、Opportunity、Threat四个词的首字母。S代表优势，指的是企业内部的有利因素；W代表劣势，指内部的不利因素；O代表机会，指外部的有利因素；T代表威胁，指外部的不利因素。

给S、W、O、T一个更直观的呈现，如图4-4所示：

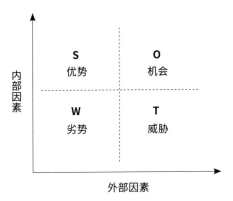

图4-4 SWOT分析法示意图1

利用内部和外部交叉的矩阵，你可以找到应对问题的策略，如图4-5所示：

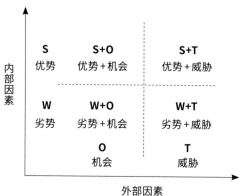

图4-5 SWOT分析法示意图2

那么具体是怎么分析的呢？我们先来举一个简单的例子。

海银资本所在的办公楼方圆两公里内只有两三家餐厅，小明想在楼下摆个小摊卖煎饼（见图4-6）：

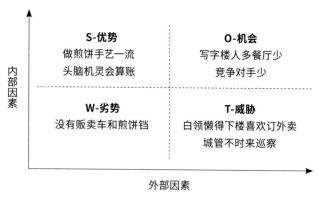

图4-6 小明现状的SWOT分析

那么，小明可以采取什么策略呢（见图4-7）？

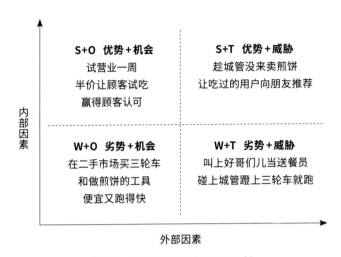

S+O 优势＋机会
试营业一周
半价让顾客试吃
赢得顾客认可

S+T 优势＋威胁
趁城管没来卖煎饼
让吃过的用户向朋友推荐

内部因素

W+O 劣势＋机会
在二手市场买三轮车
和做煎饼的工具
便宜又跑得快

W+T 劣势＋威胁
叫上好哥们儿当送餐员
碰上城管蹬上三轮车就跑

外部因素

图4-7 小明应对策略的SWOT分析

接下来，你可以试着使用SWOT分析法，着手分析你在研究当中出现的问题。为了看到你的思考过程，请把分析图画在纸上，以便你在今后的工作中有据可查。

小试牛刀

你所分析的行业内有哪些领军企业？它们分别有哪些优势和劣势？使用SWOT分析法进行分析，并提出改善建议。

进度： 进行中□　完成□

_____企业SWOT分析：

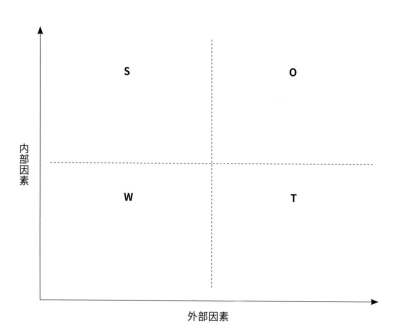

该企业优劣势分析：

1. 优势分析（S）：

2. 劣势分析（W）：

3. 机会分析（O）：

4. 威胁分析（T）：

应对策略SWOT分析：

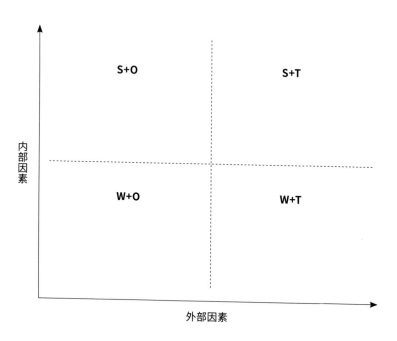

1. 优势＋机会分析（S＋O）：

2. 劣势＋机会分析（W＋O）：

_____

_____

_____

3. 优势＋威胁分析（S＋T）：

_____

_____

_____

4. 劣势＋威胁分析（W＋T）：

_____

_____

_____

美国的富强不是因为一个乔布斯，
而是因为可以成批地产生企业家。
中国最需要的不是一个乔布斯，
而是一大批具备科技转化能力的企业家。

知识进阶

联想集团 SWOT 案例分析

　　2016年8月29日，《前哨》专栏发出了一封邀请函，请各界人士针对联想集团现状进行诊断，提出改进建议。

　　联想集团作为改革开放以来第一代高科技企业的代表、国内的老牌PC制造商，从1996年开始，其电脑销量一直位居国内市场首位。2005年，联想集团收购IBM个人电脑事业部；2013年，联想电脑销售量升居世界第一，成为全球最大的PC生产厂商。2014年10月，联想集团宣布收购摩托罗拉移动。

　　联想的成功，很大程度上归功于其前任总裁柳传志。在过去的发展历程中，联想的很多次决策是非常明智的，比如柳传志提出的"贸工技"战略，也就是先做贸易，用贸易换取工艺、制造，用制造去换取生产高科技产品的技术能力。在此战略的指导下，联想成功地用开放市场换取了制造业的优势地位，今天，联想在PC领域的控盘能力是有目共睹的。在PC时代，联想很果断地收购了IBM的PC部门，成为中国历史上最早国际化的企业之一，而且在收购IBM的PC部门时，接管了从高管到基层的整个部门，建立了一支国际化团队。

与此同时，联想的投资业务也日渐增长，其资金规模已经达到了350亿元人民币。

然而，近年来联想整体业绩持续低迷。尽管2016／2017财年第一季度业绩实现盈利，但整体业务不容乐观。该财年公司收入430.35亿美元，同比减少4%，若撇除汇率因素影响，则同比减少3%。公司旗下三大业务收入均在萎缩。其中，个人计算机和智能设备业务的收入同比下跌2%至300.76亿美元，移动业务的收入同比下跌10%至77.07亿美元，数据中心业务的收入同比减少11%至40.69亿美元。

在移动事业部上，联想集团全球智能手机销量同比下跌22%，亏损5.66亿美元，其全球智能手机市场份额仅占3.5%。众所周知，联想曾经位列中国手机市场的第一梯队，2014年联想以29亿美元从谷歌手中接手了摩托罗拉公司移动业务，其最初目的是取得专利及海外市场的开拓。然而收购还不到一年，联想手机就排到了三星和小米之后。2015年，其国内手机销量仅有1500万部，比2014年减少了约2/3，而到了2016年，这一数据已降至不足500万部。

在联想的"看家"业务PC市场上，联想的处境十分严峻。据市场调查机构IDC的数据显示，2017年一季度，惠普PC市场份额超过联想，排名全球第一。

更令人担忧的是，联想在发展速度上也落后于竞争对手。一季度，惠普PC出货量同比增长达13.1%，联想仅1.7%。同时，在全球排名前五的PC厂商中，联想也是增速最慢的。这意味着，一旦联想被竞争对手超越，距离将会越拉越远。

每个企业都有自己的基因，它成功的原因很可能也是它失败的原因。联想因市场和营销取得成功，它的成功基因与传统市场相似，但联想进入的是一个不断革命升级的领域，在受科技影响极大的IT领域，重大革新在不断地发生，重市场、重营销的联想尽管也做了很多努力，但始终在被动应战，没有做到脱胎换骨的浴火重生，跟不上科技进步的速度。

更糟糕的是，科技进步所带来的范式变化是联想这类跨国企业所难应对的，那就是生态协作的变化。这就要求企业家抛弃原来重资源垄断、重资本配合的模式，进入生态协作的阶段。这个挑战非同小可。

当下的生态变化主要有三点：①基于长板理论的积木式创新，②技术应用化加速，③基于科技创新和协作的生态系统的构建。

基于长板理论的积木式创新

当下的协作范式叫做积木式创新，也就是用自身的长板去对接其他长板，大家一起拼成一只木桶。但是联想这类跨国企业，很多事情企业内部职能部门就

> 每个企业都有自己的基因，它成功的原因很可能也是它失败的原因。

可以解决了，不需要和人合作。当新范式来临的时候，协作是难以避免的，很多做事的方式要发生变化，要积累足够的信用，要形成联盟首领的人格魅力，才能吸引别人与你协作。这就要求企业家能够迅速适应新的生态，在这一点上，联想做得乏善可陈。

技术应用化加速

大量先进科技进入社会，它们正在以前所未有的速度改造方方面面。而联想对于新技术的整合能力有限，对新技术的布局也有很大提升空间。

基于科技创新和协作的生态系统的构建

谁如果能首先完成平台的搭建，谁就有资格在上面构建一个复杂生态。就像腾讯，它是国内社交领域最早的进军者，在QQ这款社交聊天软件的基础上，逐渐生长出了游戏、音乐、金融、云服务等完整的生态系统。

那么，问题来了，联想作为一个国内老牌PC制造商，应该采取什么样的措施来扭转局面？

在对联想进行分析之前，首先我们需要对联想的现状做一个陈述：

· 老牌高科技企业，在国内的消费市场品牌名誉较高，品牌认同度较高；

- 收入多但利润低，利润仅占收营的2%左右；

- 布局主要在PC领域，资本优势使用不充分，战略投资和主业联系度不够，对利用投资来帮扶主业做得有限，特别是平台化做得不够好；

- 技术储备较差，与联想的基因有关——联想的"贸工技"道路决定了联想在营销和制造工艺上下功夫较深，但技术储备弱，新科技的整合能力、新产品的开发能力不够；

- 国际管理人才使用不力，科技人才缺乏储备；

- 品牌和产品的关联度差，虽然人们对联想的品牌认同度较高，但缺乏像iPhone那样的标志性产品；

- 联想高层与外界沟通较少，联想在公众心目中的美誉度较低；

- 营销和渠道是优势，特别是能够下沉到三四线城市，实现渠道覆盖，这也是联想手机曾经一度强势回归的重要原因；

- 但是联想的营销和渠道不开放，这是传统跨国企业的通病；

- 中国最早的国际化企业之一，收购IBM时接管了从高管到基层的整个部门，借机建立了国际化的管理团队，但与海外企业相比，国际合作不占优势；

- 由于长期浸淫于PC制造，积累了供应链优势，具有一定的产业链调度能力。

基于以上这些信息，我们可以对联想做一个简要分析（见图4-8）：

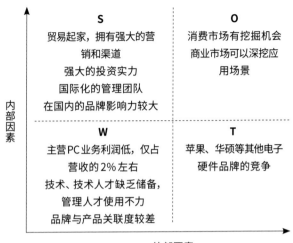

图4-8 联想现状的SWOT分析

那么，联想可以采取什么样的策略呢？在分析这个问题之前，首先要明确两个问题：

长板是什么

可以看到，联想的长板，也就是市场运作、渠道、制造等优势依然有价值，这些优势都立足于中国。每个企业都有自己的基因，有自己的优劣势，即使要转型，也要从自己的优势出发，在自己的长板基础上，根据新时代的游戏规则，来制定可行的战略。所以对于联想来说，最重要的一点，就是要亮出自己的长板，立足于中国，拿自己的长板与其他长板合作。

要达到什么目的

明确了自己的长板，下一步就是要明确要造什么样的桶。要做消费市场还是商用市场？不同的市场需要用不同的策略，一旦明确目的，达到目的的路径就容易抓得住。消费市场的关键是品牌影响力，特别是国际品牌影响力，而商用市场则要基于行业解决方案的深挖。

明确了这两大问题，就可以来分析联想的对策了，以消费市场为例（见图4-9）：

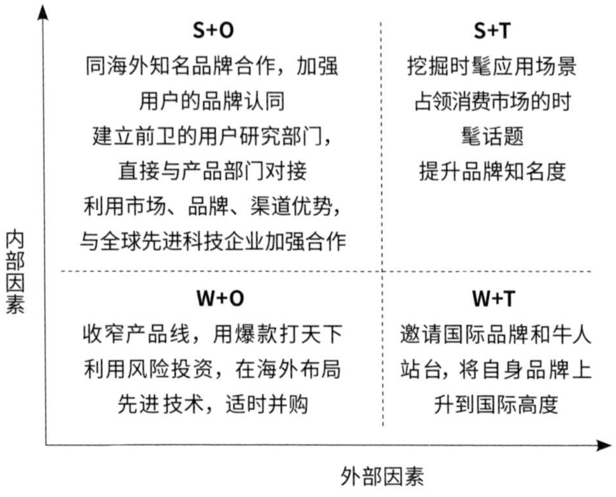

S+O
同海外知名品牌合作，加强用户的品牌认同
建立前卫的用户研究部门，直接与产品部门对接
利用市场、品牌、渠道优势，与全球先进科技企业加强合作

S+T
挖掘时髦应用场景
占领消费市场的时髦话题
提升品牌知名度

W+O
收窄产品线，用爆款打天下
利用风险投资，在海外布局先进技术，适时并购

W+T
邀请国际品牌和牛人站台，将自身品牌上升到国际高度

内部因素

外部因素

图4-9 联想应对办法的SWOT分析

优势+机会

1. 联想本身在中国就有较强的品牌知名度，建议同海外知名消费品品牌合作，强强联手推出产品，提升海外用户对品牌的认同感；

2. 消费市场目前仍然有开发价值，关键是对用户深层次需求的洞悉。建议联想建立前卫的用户研究部门，类似于专门研究90后的研究团队"青年志"（China Youthology），直接与产品部门对接，迎合年轻人的品位；

3. 联想在中国的渠道、品牌、市场优势较大，建议利用自身优势，与全球先进科技企业加强合作，提升自己的技术壁垒。

劣势+机会

1. 如今是爆款打天下的时代，而不是像过去那样多条产品线打天下了。就像一提起iPhone人们就会联想到苹果，但是提起联想人们想不到其标志性产品，建议联想收缩产品线，推出爆款产品，建立产品与品牌的关联度；

2. 联想目前的业务布局主要在IT领域，且集中在国内企业。但很多前沿技术其实在国外，建议联想效仿当年的红杉+思科，利用风险投资，进行海外技术布局，适时并购高科技企业，以提升自己的技术壁垒。

众所周知，思科在上市之后，联合红杉资本，利用自己的上市地位一路并购重组，把行业内的中小科技创新企业全部收入囊中。思科利用自己的技术和产业眼光，扫描全球技术公司，发现标的后就推荐给红杉进行风险投资。投资后，红杉再联手思科对项目进行孵化培育，如果孵化成功，到一定阶段就溢价卖给思科，变现收回投资。

在这个过程中，创新公司、思科、红杉实现了三赢：新技术公司赢得了存活和成长的机会，实现了价值，借助思科的大平台也更便于推广自己的技术和应用；思科在全球范围内整合了技术和人才，强化了自己的技术领先优势，造就了产业和市值上的王者地位；而红杉则获得了高额回报，降低了投资风险。

联想可以效仿思科＋红杉的模式，积极布局海内外高科技企业，通过投资＋适时收购的模式整合技术和人才，强化自己的技术优势。

优势＋威胁

联想具有一定的中国品牌优势和市场优势，建议联想挖掘时髦应用场景，占领消费市场的时髦话题，提升品牌的知名度。

劣势＋威胁

联想虽然具有一定的中国品牌优势和市场优势，但是在国际上的优势并不高，建议联想邀请国际知名品牌和牛人站台，提升自己的国际影响力，最终影响到消费者。

实际上，我们确实能看到联想正在努力自救。比如在2016年，联想发布了模块化手机MOTO Z系列，这是一种可以由自己实现DIY组装的智能手机。这个举措展现了联想敢于冒险的精神，但是明显可以看到，联想的策略不够清晰。

首先，联想没有明确自己的目标究竟是消费市场还是商用市场，比如联想在推出音响模块、摄影模块的同时，还推出了投影模块。很明显，音响模块和摄影模块属于消费市场，投影模块却属于商用市场，两者混在一起，说明目标用户定位不清。

其次，联想缺乏对时髦话题的敏感度。如果联想在MOTO Z中加入更时髦的模块，比如游戏模块、VR计算模块，必定会引起广泛讨论。如果联想的手机可以直接为顶级VR头盔提供计算能力，无疑将成为消费领域里的时髦话题。

总结一下，当一家企业确定了自身优势和劣势后，必须进行定位，保护自己并做好准备，以有效地对其他竞争对手的举动做出反应，而不是被预料到的环境因素变化损害。

⑩ 产业链分析（一）

行业分析里，产业链是一个永远不能避开的话题。因为任何一个行业的兴衰，都离不开上下游行业的效应影响。对于一家企业来说，在外界环境有重大变化时，财务状况受产业链影响非常大，往往吞噬企业利润的不是竞争对手，而是产业链的上下游企业。

产业链本质上是上下游关联企业之间的行业价值链。行业价值链这个概念由价值链衍生而来。价值链的提出者，正是我们之前提到的五力分析模型的创造者迈克尔·波特教授。1985年，迈克尔·波特教授在其所著的《竞争优势》一书中，首次提出了价值链的概念：

> 价值链是对增加一个企业的产品或服务的实用性或价值的一系列作业活动的描述，主要包括企业内部价值链、竞争对手价值链和行业价值链三部分。行业价值链分析是指企业应从行业角度，从战略的高度看待自己与供应商和经销商的关系，寻求利用行业价值链来降低成本的方法。

进行行业价值链分析既可使企业明了自己在行业价值链中的位置，以及与自己同处于一个行业的价值链上其他企业的整合程度对企业构成的威胁，也可使企业探索利用行业价值链达到降低成本的目的。通过对产业链上下游企业的走访，也能对目标企业的口碑和竞争力有更为客观的了解。

那么，产业链该如何分析呢？

通常来说，首先需要对产业链进行划分，搞清楚行业价值链的上下游。对于每一个产业来说，产业链的组成部分都是不同的，需要进行大量的调研和访谈，才会吃透一个行业的产业链。

举个例子，手机终端产业链如何划分呢？通过之前对数据的搜集和整理，以及对企业的大量走访，我们可以大致将手机终端产业链分成如下八大环节：

上游元器件供应商、操作系统提供商、第三方设计商（IDH）、OEM/ODM、品牌提供商、软件服务商、网络运营商、消费者，如图4-10所示。

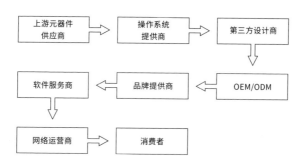

图4-10 手机终端产业链构成

通过对产业链进行划分，可以明确地看出一家企业所在的位置、竞争对手、与上下游的关系，进而去思考如何提升企业自身的竞争力。

小试牛刀

对你所要分析的产业链进行划分，按照流程图的方式，画出每一个重要环节，列举产业链每个环节上的 3～5 个领军企业。通过划分产业链，你会对这个产业的上下游有更为明确的认识。

进度： 进行中□　完成□

你所要分析的产业链构成（若以下线框不能涵盖产业链全部环节，请自行补充）：

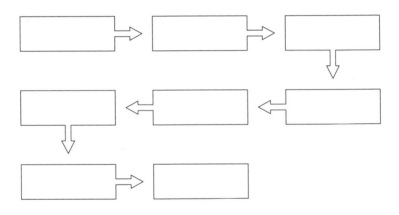

上游领军企业包括：

中游领军企业包括：

....

....

....

下游领军企业包括：

....

....

....

在无法判断下一个颠覆性科技出自哪个领域时，
唯一的做法就是不断布局，
使自己公司的资本价值能够凸显。

从郎咸平的产业链6+1理论到海银资本的 3+2理论

经济学家郎咸平曾经针对中国制造业提出了一条理论:"6+1"产业链。"6"指的是:产品设计、原料采购、仓储运输、订单处理、批发经营、终端零售;"1"指的是:产品制造。

郎咸平认为,从2005年开始,世界进入了"产业链战争"的时代。以美国为首的西方国家把价值最低且浪费资源、破坏环境的制造业一端(即"1")放在了中国,而将产品设计、原料采购、仓储运输、订单处理、批发经营和终端零售等六块非制造业(即"6")都掌控在自己的手里。在这样一种"6+1"产业链的定位下,中国就沦落到了价值的最低端。

以芭比娃娃为例:芭比娃娃在美国沃尔玛的零售价近10美元,在这个产业链里,中国只能得到1美元的价值,而且还给自身带来了难以避免的环境污染和资源浪费。但美国人通过"6",获得了9倍的价值,而且这9倍的价值没有污染、没有浪费。也就是说,中国每创造1万元的价值,就为美国创造9万元的价值;中国越勤劳、越制造,美国人就会越富裕。

另一个例子是富士康：富士康是全球最大的iPhone代工厂商，然而它获得的利润极低。一度被炒到了上万元价格的iPhone 6的实际成本仅1227元，巨大的落差令人咋舌。富士康也仅能从这巨大的利润中抽得4美元的代工费。

郎咸平得出结论：正是这种产业链的错误定位，美国维护了绿地和美好家园，而中国则遭到了污染和浪费。

郎咸平的结论犯了一个致命的错误——他严重低估了制造业的重要性。

首先，郎咸平大大低估了制造业的价值。

早在2009年，奥巴马政府就提出了著名的《制造业复兴框架》，强调制造业对美国经济的重要性，提出促进制造业发展的政策倡议。美国新总统特朗普更是在竞选期间就承诺推进制造业工作岗位重回美国，甚至提出将迫使苹果将产品生产线从国外转移回美国。如果真如郎咸平所说，制造业只能贡献极小的价值，还要带来巨大的环境、资源损耗，那么奥巴马政府和特朗普政府为什么还要天天喊着制造业回迁呢？

很多观点认为，创新比制造更重要，从0到1比从1到N更有价值。但是别忘了，制造业上长出创新容易，但创新者实现大规模制造难。

举个例子，中国一直是手机制造大国。2016年，中国智能手机出货量达5.22亿部，全球智能手机出货量为13.6亿部，中国占了超过1/3。得益于强大的制造能力，以小米为代表的创新品牌得以野蛮生长。2010年成立时，小米还只是一个生产手机界面的新兴公司，今天，它已经成为世界上市值最高的私营科技公司之一，并且已经在智能家居、芯片、金融科技、可穿戴设备等领域布局。所以，如果你本身已经具备了强大的制造能力，当一个新点子出现的时候，是比较容易在短时间内实现的。

创新者想要实现大规模量产可就没这么容易了。大规模量产需要强大的制造能力做支撑，但制造能力并非一朝一夕可以形成，特别是开放的产业集群，更是全世界难找。就像海银资本投资的飞行汽车公司Terrafugia，前期依靠资本的力量完成了产品的研发，但后期要想实现量产，只能依靠具有量产能力的汽车制造商，所以它被吉利汽车收购了。

所以首先要破除对制造业的误解——制造业的价值不可小觑，也不能被价值链上的任何环节所取代，这是第一点。

其次，郎咸平对中国制造业的优势缺乏了解，更对全球创新趋势缺乏了解。

中国制造业的发展历程，可以说是改革开放历程的缩影。当时，世界500强纷纷来中国设厂，在设厂的同时，配套的产业集群逐渐形成，中国制造能力迅速壮大。如果给这个能力加上三个定语，中国制造将所谓『3』，指的是中国市场、中国资本、中国制造，『2』指海外高新技术、海外高科技创新企业。

是全球第一：大规模的、复杂产品的、开放制造能力。为什么这么说？日、韩、欧洲都有大规模制造能力，但是不开放，小米为什么诞生在中国？因为在美国，你找不到一个开放的第三方公司帮你生产100万部手机。

更重要的是，中国制造业在与海外企业对接的过程中形成了技术诀窍（Know-How），只需要改一下生产线，形成生产能力的成本就可以大大降低。如果我们能把这个能力提供给全世界，就意味着在未来的创新浪潮中，中国将取得很大的影响力。

所以，要认识到中国制造能力的优势，以及当下全球创新趋势，这是第二点。

目前，很多跨国企业开始回迁制造业，或者将工厂纷纷迁往东南亚等地，中国制造业面临着严峻的局面。那么，中国制造业的下一个出路在哪里呢？这个话题从政府到民间谈了很多年，一直没有解决。认识到以上两点，这个问题或许就有一条解决之道了，用一个词可以概括："3＋2"。

所谓"3"，指的是中国市场、中国资本、中国制造，"2"指海外高新技术、海外高科技创新企业。

30年前，中国制造业凭借给跨国大企业代工，获得了强大的制造能力。与此同时，中国的经济也在飞速发展。今天，没有人质疑中国的资本实力，而中国庞大的市场更是令众多海外企业眼红。

30年后的今天，如果继续和跨国企业合作，中国制造业很难打破现有的困境。对于制造企业来说，向微笑曲线的研发与设计一端拓展的余地有限。但是，新的机遇正出现在中国制造业的眼前，那就是积极对接海外高科技创新企业。

这种机遇来源于创新生态的转变——积木式创新的来临。

美国存在一种新的趋势：大量的小创新公司正在迅速崛起，成为先进科技的主要拥有者。在美国，每年都有上万家研发型的小企业从美国高校拿到技术专利授权，经过5～8年的研发，把技术转化成产品上市。它们正在成为世界先进技术的主要拥有者。

这样的小企业具有很强的产品研发实力，但它们在井喷式发展的同时，也遭遇了瓶颈——批量生产能力不足，而这恰恰是中国的强项。中国强大的制造能力可以帮美国中小高科技企业突破瓶颈期，而且中国制造长久以来形成的Know-How是创新者最需要的，所以他们一定会寻求中国的合作。

在研发过程中，这些创新企业平均要投入上千万美元的资金，而它们的融资能力有限，很多创业公司都倒在了这一步。这就给了中国企业在海外布局高科技的机会。在这些小公司研发基本完成，开始考虑量产和市场，但又缺乏资金、估值偏低的时候，中国企业可以积极参与投资。投资的同时把制造能力和市场能力带给这些公司，让自己成为解决方案的一部分，相比和大企业合作，中国企业能拥有更大的话语权。

这样一来，中国市场、中国资本、中国制造和海外高新技术、海外高科技创新企业将形成有效对接，形成互利共赢的局面。对于中国制造企业来说，与海外高科技企业对接，通过生产先进科技产品，不断完善自己的制造工艺，也是制造业升级的解决之道。

如果仅仅认为为国外企业的代工利润有限，未免太过狭隘。富士康为iPhone代工，获得的利润的确无法与苹果公司相比，但也必须看到，通过给iPhone代工，富士康获得了强大的手机制造能力和产业链控制力，其制造工艺全球领先。这种隐形的"收益"，你看到了吗？

Ⅱ 产业链分析（二）

明确了产业链的组成部分之后，就该考虑下面几个问题：产业链各环节之间的竞争关系如何? 产业链的主导者是谁? 该产业链的商业模式是怎样的? 影响该产业链的关键成功因素是什么? 最后看行业价值链的转移趋势，未来哪些环节会很重要，利润会很高。

在产业链的分析过程中，有一些关键要素是非常重要的：

· 产业链组成与概况

· 产业链是否开放

· 关键技术成熟度情况

· 产业配套成熟度情况

· 主要竞争对手和潜在竞争对手

以虚拟现实产业为例，我们来做个分析。

第一条，首先划分一下产业链，了解其组成部分，如图4-11所示：

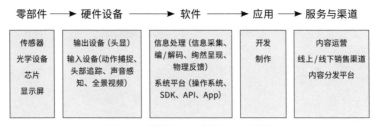

图4-11 虚拟现实产业链划分示意图

具体到产业链的每个环节：

① 零部件

零部件主要包括传感器、光学设备、芯片和显示屏。其中芯片是核心。

② 硬件设备

分为输出设备和交互设备。输出设备，即显示端，包括头盔类、眼镜类和一体机；交互设备即捕捉反馈，对空间沉浸感、稳定性、低延时、多方位反馈、兼容性等提出了较高要求。

③ 软件

软件主要包括嵌入VR设备的信息处理部分和运行在VR设备上的系统平台部分。信息处理部分主要负责信息的采集、VR图像的编解码、图像渲染呈现和反馈，系统平台部分包括VR设备的操作系统、软件开发用的API和SDK，还包括相关的应用程序。

④ 应用

主要分为2B和2C两种。2C应用是最贴近市场的应用，也是最容易推动市场火爆发展的驱动力；而2B应用则需要靠企业、政府等多方面市场主体共同推动，这部分应用也将推动VR与众多行业形成联动效应，给整个社会生产方式带来变革式的影响。

那么，产业链每个环节的商业模式是如何的呢？

对于VR硬件来说，基本上属于一次性收费，以VR内容服务为核心的盈利模式更具想象空间。

通过梳理产业链，可以发现除芯片制造商以外，零部件提供商虽然处于产业链上游顶端，但并没有过强的议价能力，反而是硬件设备制造商的议价能力较强。一是因为VR设备里用到的零件，本身技术壁垒不是特别高。VR设备与手机类似，考验的是硬件的整合能力，这就使得硬件设备制造商，特别是高端硬件设备制造商成为产业链上的核心环节。二是因为硬件设备为下游的内容、应用制造商提供了基础，硬件设备体验的好坏直接决定了一款产品的生死，所以硬件设备制造商相对于应用商来说有更高的议价能力。

另一方面，VR内容服务提供商虽然处于产业链的下游，但直接面向消费者，相对于VR硬件的一次性收费来说，VR内容服务提供商可依靠增值服务获得持续盈利，因此也是产业链中的重要节点。

以上即对虚拟现实产业链现状的一个简单分析。

第二条，产业链是否开放？

虚拟现实这个产业与手机产业非常类似，最重要的不是单项技术的突破，而是对多项技术整合能力的考验，是一个较为开放的产业。在硬件方面，VR头显和动作捕捉设备的创业公司林立，零部件提供商更是不胜枚举，只有芯片和显示屏掌握在少数核心厂商手中。

软件方面，不少从事图形渲染、3D扫描的技术公司正在迅速扩张。在动作捕捉方面，行业领军者Valve公司（HTC Vive的制造商）甚至有意向将其追踪系统Lighthouse开源。

在应用方面更是百花齐放，如同早期的安卓平台一样，各种各样的应用软件将在VR系统上生长。

第三条，关键技术有哪些？技术是否成熟？

通过查阅资料和业内人士访谈可以知道，虚拟现实产业中的核心技术包含以下几个部分：

① 动态环境建模技术

动态环境建模技术，指的是通过获取三维数据，建立相应的虚拟环境模型。

② 实时三维图形生成技术

顾名思义，就是实时生成三维图形。为了达到实时的目的，要求图形的刷新率达到30帧/秒及以上。

③ 立体显示和传感器技术

主要是降低交互延迟，提升跟踪精度和跟踪范围。如果延迟时间超过1/4秒，在长时间的劳动情况下，用户会产生疲劳、烦躁甚至恶心的感觉。

④ 动作捕捉技术

动作技术涉及尺寸测量、物理空间里物体的定位及方位测定等方面可以由计算机直接理解处理的数据。在运动物体的关键部位设置跟踪器，由动作系统捕捉跟踪器位置，再经过计算机处理后，得到三维空间坐标的数据。

⑤ 底层技术：5G

5G通信标准虽然不能算作VR产业内的技术，但对VR产业的发展进程起着决定性作用。现有的网络通信速度会造成比较严重的延迟，所以并不能给用户良好的体验，在佩戴VR头显时感到头晕恶心，有很大一部分原因就在此。

VR产业还包含其他的一些技术，在此不一一列举。明确核心技术是第一步，接下来就需要判断这些技术是否已成熟，可以看市面上的产品是否使用了相关技术，也可以通过走访相关企业获取这些信息。技术是否成熟直接决定了一个产业的发展进程，因此通过判断技术成熟度，可以对当下产业发展的阶段做出一定的判断。

第四条，产业配套是否完备、成熟？

在判断技术成熟度的同时，还需要了解配套产业的成熟度。比如，零部件商是否有资质生产新型的传感器？现有的芯片是否还无法达到新算法所要求的运算能力？将诸如此类的因素一并考虑，能够对产业发展现状有更为精确的把握。

最后，明确了自己在产业链中的位置，就可以找到自己的竞争对手。对竞争对手进行分析，寻找对方的优势和劣势，知己知彼才能百战百胜。

小试牛刀

请参照你在上一小节中对产业链的划分，试着对产业链的组成与概况、关键技术成熟度情况、产业配套成熟度情况、主要竞争对手和潜在竞争对手进行分析。在此基础上，尽可能地对产业链发展态势做出一定的判断。

进度： 进行中□　完成□

_____行业产业链分析：

1. 产业链组成与概况：

2. 产业链开放程度分析：

3. 产业关键技术与成熟度分析:

....

....

....

....

4. 产业配套成熟度分析:

....

....

....

....

> 这个时代的特点——只做自己擅长的事情,
> 不擅长的事情交由他人,以协作的方式解决。

行业分析重中之重——产业链分析该怎么做？

在制定企业战略时，产业链是最重要的考虑因素。通过分析产业链的组成环节，找到产业链中的关键控制点，企业才有可能找到一个行业的真正机会。

产业链大致可以分为两种，一种是相对开放的产业链，另一种是封闭的产业链。这两种产业链有着不同的特性，把握好这些特性是企业安身立命的先决条件。

相对开放的产业链

提起开放产业链，最典型的就是手机产业链。这一点非常好证明：如果手机产业链非常封闭，是不可能出现如此多的山寨手机品牌的。

这类产业链的特点是很少或几乎没有关键控制点，也就是说，在整个产业链中，没有哪个环节是绕不过去的。比如，对于一家山寨手机公司来说，没有哪个零件是找不到替代性产品的。拿不到高通的芯片，可以用展讯的芯片，拿不到三星的屏幕，可以用LG的屏幕，总有办法攒出一部手机，无非是性能上的差距罢了。

在开放的产业链里，各个环节的重要性不同，科技含量也不同。

这时候，稀缺性就是衡量一家公司的重要指标。稀缺性主要分为两种：

第一种稀缺性是产业链中的关键环节。

以手机产业链为例，尽管产业链比较开放，但仍然存在有稀缺性的环节，比如三星的高精度屏幕、富士康的手机制造工艺。如果你想有更强的市场竞争力，那就必须争夺这些稀缺的资源。同样是做手机，小米的代工厂是一直为苹果代工、具有优秀制造工艺的富士康，而锤子的代工厂是以广东以诺为代表的低端手机产品代工厂，供应链上的优劣高下立判。

那么，如何去争夺这类稀缺的环节呢？

一条路是，你本身就与这些稀缺资源的生产商关系很好，能打败对手优先获得这些稀缺资源。

另一条路，则是用强大的市场控制力反哺供应链的管理能力。如果你对市场的控制力足够高，你在供应链的管理、议价能力上也会更强。这很好理解，假如富士康同时接到苹果公司和另一个国产二线手机品牌的订单，在生产能力有限的情况下，你觉得富士康会选择给苹果优先供货还是那个二线手机品牌？答案不言而喻。

第二种稀缺性就是信用。

以玩具产业为例，这是一个典型的开放产业链。中国南方有非常多的玩具厂商，但玩具大王只有一个——香港"玩具大王"旭日国际集团主席蔡志明。为什么蔡志明可以当上"玩具大王"，别人却不行呢？一个很重要的原因就是，他在1972年就建立了玩具厂，尽管数次危机重重，却每每化险为夷，成功按时交货。多年的良好口碑为旭日赢得了美国厂商的信任，从1978年开始，旭日开始成为美国大型玩具厂商代工的固定供应商，长期的稳定合作关系使得蔡志明积累了深厚的信用，上下游企业甚至不需要对其考察就愿意信任蔡志明，与其合作。

在中国，这种信任的稀缺性更为凸显。中国的产业链结构之所以开放，很多是因为世界500强来中国设厂而形成的。在设厂时，世界500强为了在中国能够获得全套的原材料供应，为此培育了配套的生态结构，而培育配套结构的过程实际上也是构建产业链的过程。而且，这些跨国企业一般采用采购的管理机制，不会去控制上游的原料供应商，所以在这个过程中逐渐形成了相对开放的产业链。对于中国企业来说，为世界500强供货也不是那么简单的事，背后往往需要很深厚的信用支撑。

如果开放的产业链里缺少稀缺性的环节，那么这个产业链的核心就不在于产业链的某个环节或者对稀缺资源的争夺，而在于谁能够整合现有产业链的能力，在产品性能上优化，在用户体验上创新。

这一典型就是中国的汽车产业链，虽然存在一定的稀缺性的环节，但总体来说稀缺性并非高不可及，汽车的各个零部件基本上都可以采购到，比如轮胎、保险杠、发动机，等等。既然所有的原材料都可以在中国采购到，那中国企业为什么不能替代进口品牌制造整车呢？以电池制造出身的比亚迪发现了这一现象，于是在2002年开始进军汽车行业。当时，比亚迪以汽车模具制造为切入点，之后通过收购秦川汽车取得了汽车生产许可证，开始转向整车制造。加上比亚迪本身对于磷酸铁锂电池多年的研发，以及低成本的优势，如今它已经成为全球领先的新能源汽车品牌。

比亚迪纯电动大巴进驻美国堪萨斯机场

封闭的产业链

封闭产业链上往往会存在一个关键控制点，我们分析这类产业链的核心就是找到这个关键控制点。

和开放的产业链不同，封闭产业链上的关键控制点是无法绕过去的，具有不可替代性。可以说，关键控制点决定了这条产业链的命脉。

封闭产业链的一个典型例子就是美国的医药行业。尽管中小企业也可以研发药物，使得这个产业链看上去似乎很开放，但站在产业链顶端的只有辉瑞、默克这类医药巨头。这些大型医药企业具有强大的营销能力，其医药销售代表遍布全球，每天都不遗余力地在医院中推销药物，所以任何一款新药上市都能很快进入医院。

但是小的医药公司并不具备这样的销售能力，它们的出路只有一条：把研发的新药卖给大医药公司。所以，美国医药行业的产业链是非常封闭的，因为医药巨头凭借强大的市场能力垄断了这个行业。

所以，掌握了封闭产业链中的关键控制点，企业往往就能所向披靡。一些企业为了争夺关键控制点的控制力，甚至可以牺牲控制点本身的利益。比如，谷歌为了防止苹果的IOS系统一家独大，不惜将安卓平台开源，最大化地抢占移动互联网入口的市场份额。有了入口，才有流量；有了流量，才有生存空间，才有想象的可能。

总结起来，产业链分析要看两点：开放性产业链的核心在于稀缺性，封闭性产业链的核心在于关键控制点。如果能卡住产业链中的关键控制点，企业的发展往往会比较顺利。对于一家企业来说，只有掌握了以上两点，才能最大限度地提升自身在产业链当中的竞争力。

12 重点企业分析之3C分析模型

明确了一家企业在产业链中的位置后，就可以对这家企业进行具体分析了。分析企业有一个简单而好用的分析模型——3C战略三角模型。

3C模型是由日本战略研究的领军人物大前研一提出的，他强调成功战略有三个关键因素，在制定任何经营战略时，都必须考虑这三个因素：公司自身、公司顾客、竞争对手，如图4-12所示。

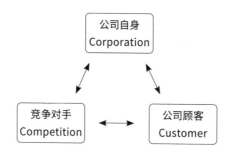

图4-12 3C战略分析模型示意图

公司本身、顾客和竞争对手构成了战略的三角形。根据三个关键角色的观点，所谓战略，一个公司运用自己的有关实力来更好地满足顾客需求的同时，将尽力使其自身有效地区别于竞争对手。

围绕这三个关键角色，分别有哪些点需要关注呢？

· 公司自身：市场占有率、品牌影响力、技术力量/产品质量、销售率、收益率、资源

· 客户：规模、成长性、顾客需求、细分需求、结构变化
· 竞争：供求关系、进入障碍、优势劣势

以Wealthfront为例，我们来做一个简单的分析。

Corporation（公司自身分析）

Wealthfront的前身是一家名叫KaChing的美国投资咨询顾问公司，2011年转型成为智能投顾公司，是最早做智能投顾的知名企业之一。其创始人为安迪·雷切莱夫（Andy Rachleff）、丹·卡罗尔（Dan Carroll），其中，安迪·雷切莱夫为Wealthfront的CEO，他曾是基准资本公司（Benchmark Capital）的创始人之一、宾夕法尼亚大学校董、斯坦福商学院教师。

借助于计算机模型和技术，Wealthfront为经过调查问卷评估的客户提供量身定制的资产投资组合建议，包括股票配置、

Wealthfront商标

股票期权操作、债权配置、房地产资产配置等。问卷内容包括年龄、投资金额、投资偏好、风险承受能力、初次投资原因，等等。基于问卷调查内容，Wealthfront会给出个性化的投资方案。其投资组合包括需要纳税投资组合、退休金投资组合和教育储备投资组合，投资组合的投资标的是各类ETF基金[1]。ETF资产类别包括美股、海外股票、新兴市场股票、股利股票、美国国债、新兴市场债券、美国通胀指数化证券、自然资源、房产、公司债券、市政债券等11种类，但并不是所有投资组合都包括上述所有的资产种类。

总体来说，Wealthfront对于用户的分析过于简单，不够深入，只能给用户粗略的投资建议。Wealthfront会基于投资产品在过去一段时间的表现给出建议，其大数据分析集中在市场侧，但这样的判断显然是不够成熟的，因为投资组合过去表现得好，并不意味着未来一段时间也会有较好的增长。如果不是将钱委托给Wealthfront进行投资管理，而只是让它提供建议，暂时很难利用这些数据做出最好的决策。

作为最早进入智能投顾领域的资产管理公司，Wealthfront的成长速度非常快，其资产管理规模（AUM）增长到第一个10亿美元的速度为2.5年，而获取第二个10亿美元的速度仅为9个月。

由于计算机算法、人工智能正在普及，且金融市场数据全面开放，Wealthfront的先手优势逐渐被追平和超越。截至2017年1月，Wealthfront的资产管理规模超过50亿美金，其竞争对手

---

[1] Exchange Traded Fund，交易型开放式指数证券投资基金，缩写为ETF。

Betterment的AUM已经超过100亿美金，而传统资管企业纷纷入局更是让Wealthfront雪上加霜。Wealthfront很难拥有明确的优势，遭遇发展瓶颈。

Customer（用户分析）

传统的资产管理行业，是由专业的投资顾问提供资产管理服务，客户多为机构客户或者高净值客户。低净值的客户不是传统资产管理公司的主要客户，因为如果要管理这些闲散资产，会耗费投资顾问的大量精力，成本过高。这个时候，高收入低净值客户就成了智能投顾的主要服务群体。

这个群体在美国被称为HENRY人群（high earners, not rich yet [1]），多为25～35岁的上班族，收入在10～25万美元。他们面临着结婚、生育、子女教育、房贷等资金压力，却常常缺乏投资知识和学习理财知识的时间。

相对于高龄投资者，HENRY人群有着独特的用户行为习惯：

HENRY群体由于经历了两次金融危机，所以更相信自己社交圈的推荐而不是传统金融机构，而用户的社交化使得人们更愿意在线交流自己的投资心得，从而使得智能投顾不仅仅是一个投资工具，而是分享投资心得的社交平台。

HENRY群体经历过两次金融危机，第一次是1987年的"黑

---

[1]亨利族，指高收入，可是又没有存款难以成为富人的人。

色星期一"，道琼斯指数在一天内跌幅高达 22.61%，而第二次就是 2008 年的"次贷危机"。他们目睹了父母在金融危机中的巨大损失，所以他们比父母一代更偏向于被动的投资策略，他们追求稳健的投资收益和税收减免，而不是单纯追求高收益。

HENRY 群体更注重用户体验，而智能投顾的在线服务和移动化交易平台使得资产管理更加简单、透明，迎合了 HENRY 群体的需求，同时使得成本进一步下降。

HENRY 群体更倾向于低廉的管理费用，传统的资产管理公司管理费用在 1% 以上，而 Wealthfront 依靠大数据和算法将管理费用降到 10000 美元以内免费，10000 元以上的部分每年收取 0.25% 管理费，没有交易佣金，也没有其他额外的费用，从而覆盖到 HENRY 这个细分市场。

Wealthfront 的目标客户群体也是 HENRY 群体。再加上 Wealthfront 出身硅谷，其早期用户多为硅谷的科技新贵，例如脸书、Skype、领英、谷歌、优步和星佳（Zynga）等知名科技公司的早期员工。这些程序员在同龄人中收入较高，由于接触高科技，思维也更加前卫，更容易接受智能投顾这种新产品。后来，Wealthfront 才将业务逐渐拓展到其他行业的高净值人士、慈善机构和非营利组织以及公司和企业等。

Competition（竞争分析）

随着人工智能、大数据、算法等技术的飞速发展，智能投顾逐渐成熟。尽管Wealthfront是最早进入该领域的公司，但总体来看，智能投顾市场正在井喷，相对来说，Wealthfront的市场份额在不断下降。

Wealthfront的主要竞争对手分为两种：

一种是传统的金融机构，例如嘉信理财（Charles Schwab）、富达投资（Fidelity）、贝莱德（Blackrock）等。这类传统资管企业相较于Wealthfront而言具有很大优势：首先，传统资管企业本身拥有大量的用户积累，可以很方便地转化已有客户；其次，传统资管企业的品牌认可度较高，经营时间比初创企业时间长，更容易取得新用户的信任；第三，也是最重要的一点，传统资管企业自有ETF产品，甚至有底气将管理费用降至零来吸收用户。普通智能投顾收费分为两部分，一是资金的管理费，二是ETF费用，后者一般要交给ETF提供商，所以以嘉信理财为代表的传统资管企业可以牺牲自己的资金管理费，只收取少量的ETF费用来吸引用户。

以Charles Schwab Intelligent Portfolio为例，在2015年3月新进入市场的时候，它将自己的管理费用降至0，只收取ETF费用。这样，短短一年半的时间，其资产管理规模（AUM）就超越了Betterment和Wealthfront，飞速达到了82亿美元。2016年第三季度，Charles Schwab Intelligent Portfolio的AUM已经达到了102亿美元。

另一种竞争对手就是新兴的智能投顾企业。Wealthfront的最大对手、美国另一大智能投顾企业Betterment的资产管理规模已经超过 Wealthfront，以 Acorns 为代表的一批新兴智能投顾公司也在蚕食 Wealthfront 的市场份额。目前，美国已有近140家智能投顾公司。由于技术水平相近，单靠技术无法形成足够高的竞争壁垒，Wealthfront 面临着巨大的发展瓶颈。

面对这样的现状，Wealthfront 又能做哪些调整呢？

为了扭转局面，Wealthfront 在2017年4月20日宣布开始提供小额贷款服务，这一举措可以看作为了自救的战略调整。

银行审批小额贷款程序复杂，Wealthfront 提供了开放的互联网借贷平台，对于有理财需求但缺少资金的人来说，具有很大的吸引力。而且，Wealthfront 的用户数量庞大，自带流量优势，再加上长年累月的服务，很容易使原本具有资产管理需求的用户转化为贷款用户。

以上就是对 Wealthfront 使用3C模型做的简单分析。3C模型不仅常常用于制定企业战略，而且是行业分析中常用的分析重点企业的一种模型。从整体上纵览三种角色，力图把握它们之间的动态关系，有助于制定最有效的战略规划，从而拓展企业的相对优势。

小试牛刀

你所要分析的行业有哪些领军企业？它们有什么现存的问题？试着利用3C分析模型分析该企业，并提出战略规划建议。

进度：进行中□　完成□

_____企业3C分析：

公司自身分析（Corporation analysis）：

_____

_____

_____

_____

_____

用户分析（Customer analysis）：

_____

_____

_____

_____

_____

_____

竞争分析（Competition analysis）：

_____

_____

_____

_____

_____

综上所述，建议_____公司：

_____

_____

_____

_____

_____

_____

_____

_____

_____

_____

_____

_____

这个世界是从微观到宏观的，
世界经济的规律不外乎各个产业的规律总和，
各个产业的规律又不外乎各个产业科技推动情况的总和。

13 四象限分析

另一种常用的分析方法——四象限分析法，也常常被用于企业的战略制定中。四象限分析法又被称作矩阵分析法，是指将事物的两个重要属性作为分析的依据，进行分类关联分析，解决问题的一种分析方法。

具体是怎么操作的呢？以属性A为横轴，属性B为纵轴，组成一个坐标系，在两坐标轴上分别按某一标准进行刻度划分，构成四象限，将要分析的每个事物对应投射至这四个象限内，进行交叉分类分析，直观地将两个属性的关联性表现出来，进而分析每个事物在这两个属性上的表现。

用图像呈现是这样的，如图4-13所示：

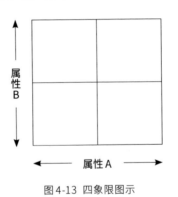

图4-13 四象限图示

四象限分析法基本原则是找到一件事物的两个重要属性，并根据属性强弱，画出四象限分析。分析时考虑以下几个角度：

·每个象限具有的性质，及其发展趋势；

·象限之间的相互关系，是否能相互转化；

·根据实际要求和象限的性质，做出偏好和取舍，下决策。

四象限分析法可以根据具体需要，选择不同维度指标，展现出不同的表现形式。举个例子：

1996年乔布斯重掌苹果公司时，苹果公司正处于艰难状态，转型困难。乔布斯用了一个典型的四象限分析法确定了公司的产品方向，他把电脑分成两个维度，一个是专业维度，一个是便携维度，如图4-14所示：

图4-14 苹果电脑产品线四象限分析

当时乔布斯说："我们为每个象限内的群体分别制造一款电脑，然后砍掉任何不在这个范围内的产品线。"后来就有了我们熟知的故事：乔布斯大胆收缩产品线，并在1998年推出了iMac电脑。当时的消费者见惯了方盒子式的机箱，从未想过电脑可以像iMac那样成为一件艺术品，iMac一经推出便引起了很大的轰动。这一决策也成为苹果公司史上最伟大的决策之一。

四象限分析方法十分简单而且实用，非常适用于行业机会的分析。首先你需要确定A、B两种属性，然后基于两种属性做交叉分析。

小试牛刀

现在，请使用四象限分析法分析你选择的行业中存在哪些机会，把你的分析思路写在纸上。

进度： 进行中☐　完成☐

_____ 行业机会四象限分析：

横向两个象限分为:

纵向两个象限分为:

经过四象限分析,我认为行业机会在于:

全球创新生态正在迅速演化,
大公司的便捷必须更加开放,
才能容纳小公司和自己深入合作。
小公司也要学会利用大公司的资源,
才能跑得更快、更远。

知识进阶
驭势科技的战略规划

在全球各大汽车制造商纷纷投身于自动驾驶的时候，一家由英特尔中国研究院前院长吴甘沙领导的中国创业公司，悄然杀入自动驾驶的战场。

与各大车厂不同，这家名叫驭势科技的创业公司，既没有选择自主造车，也没有选择与车厂合作造私家车。那么，这家公司的战略是如何制定的呢？

驭势科技在制定企业战略的时候，就曾使用四象限分析法进行了分析。通过搜集资料可以发现，从应用场景来看，自动驾驶分为高速自动驾驶和低速自动驾驶；从商业模式上来说，基本区分为私家车模式和共享模式。以应用场景和商业模式为两个维度，可以做一个简单的四象限分析，如图4-15所示：

图4-15 自动驾驶四象限图示1

那么在这四个象限中，对于创业公司来说，是否存在突出重围的机遇呢？先来看看四象限中现有的竞争者都有谁，如图4-16所示：

高速	OEM 及其一级供应商	出行服务提供商 例如滴滴、优步
低速		
	私家车	共享

图4-16 自动驾驶四象限图示2

可以看出，在第一象限高速私家车自动驾驶领域，创业公司已经很难突破。在私家车这种商业模式下，一家创业公司很难颠覆传统的汽车制造商和一级供应商，只能选择与其合作，因为汽车制造庞大的资金需求和复杂的供应链，是一家创业公司难以把控的。比如有些传感器、毫米波雷达，国内没有一家供应商能够供应，只能向一级供应商德尔福（Delphi）去买。甚至连控制方向盘和刹车这样的部件，都牢牢攥在一级供应商的手里，直接扼住了创业公司的咽喉。

这一点从谷歌近期的动作可以看出来。谷歌作为自动驾驶领域的先驱者，最初选择了自主造车的策略，在经历一段测试后转而与汽车制造商合作。作为一个精密复杂的高技术产品，每一辆汽车需要安装近3万个零部件，涉的零部件供应商可达400～500家。谷歌并非汽车制造商出身，如此庞大的供应链管理难度不可小视。再加上自动驾驶领域竞争日益激化，谷歌不得不放弃自主造车的策略。

在第二象限高速汽车的共享模式上，创业公司也很难再切入。滴滴和优步刚刚结束了烧钱大战，局面已经基本稳定，对于创业公司来说，去挑战它们无疑是自投罗网。

但是在低速自动驾驶领域，对于创业公司来说，似乎还是一片蓝海。这一市场尚未被巨头占领，那么创业公司是否可以乘虚而入呢？我们继续分析，如图4-17所示：

高速	OEM 及其一级供应商	出行服务提供商 例如滴滴、优步
低速	自动驾驶的代步车？	无人驾驶的观光车？
	私家车	共享

图4-17 自动驾驶四象限图示3

在低速自动驾驶领域，的确存在着应用场景。自动驾驶的代步车有没有好的应用场景呢？可能会有，但无人驾驶的观光车显然是一个更大的、看得见的应用场景。这种应用场景随处可见：景区、机场、高尔夫球场、度假村、大学……所有相对封闭的、对速度要求不高的环境，都是潜在的应用场景。从中低速公共运营的自动驾驶车辆入手，无疑是创业公司的最佳选择。

敲定了公司战略后，驭势科技迅速将应用落地，通过数据去反哺算法方面的发展。2017年3月，驭势科技第一代无人驾驶的原型车在广州的白云机场开始应用，这是中国无人驾驶的第一次应用，无人车往返于1号航站楼和4号航站楼之间接送乘客。随后，驭势科技在杭州来福士广场首次试水大型地下停车场的无人驾驶车自动摆渡服务模式。除了机场和商业地产，驭势科技还计划与多家地方政府以及园区、主题公园、物流等领域的行业领导者开展合作。

"韦小宝法则"教你判断一个团队靠不靠谱?

投资一个企业,除了它自身的技术需要过硬,另一方面也要看它的团队是否足够优秀。今天是一个高度协作的时代,创业者已经不能单打独斗。所以,靠谱的创业团队非常重要。

那么,如何来判断一个团队靠不靠谱呢?这一点我们应该向韦小宝学习。

如果大家读过《鹿鼎记》,应该会记得这一段:皇帝派韦小宝去打仗,但韦小宝是一个没有多少真才实学、上战场一定打败仗的人。所以,他只能去寻求会打仗的人的帮助。

究竟谁才是打仗的高手呢?韦小宝用了一个非常聪明的方法去推断:官场里很多没本事的人要阿谀奉承才能升官,那些擅长打仗的人又不屑于阿谀奉承,那么,这些在官场不得志又不懂得阿谀奉承的人,说不定就是有本事的人!依靠这个侧面特征,韦小宝最终成功地找到了很多能人将士,打了很多胜仗,为他的丰功伟业奠定了基础。

韦小宝的绝妙之处在于,找到了特定的规律。在衡量一个团队是否优秀时,如果我们能找到特定的规律,就可以做出更有把握的判断。虽然不能百分之百断定这个团队是否成功,但从一系列侧面证据也能看出,他们成功的概率是高还是低。这些侧面证据总结起来就是三条标准：靠谱的董事会、靠谱的CEO、靠谱的科学家。

在美国，董事会有任免公司高管、决定公司重大事项的实权，而且董事会有严肃的系统性操作流程。在董事会结束之前一定会留出一些时间，请CEO回避，董事会的其他成员一起来讨论对CEO有什么意见和建议。

董事会里有很多人实际上是被邀请进来的行业专家，他们对行业的理解非常深刻。在这个过程中会形成一个双向选择：董事企业希望请到资深专家为自己带来更多帮助，而专家也一定会考察这个公司是否具有足够大的潜力，会不会成为下一个成功企业。

这就形成了判断企业是否优秀的一个侧面证据：如果一个董事会里牛人满座，那这家公司很可能比较优秀，因为优秀的董事会任命的CEO一般不会太差。想象一下，如果一家互联网公司的董事会里坐着马云、刘强东、李彦宏、马化腾，你觉得这家公司成功的概率是大还是小？

而靠谱的CEO，就是印证一个靠谱的创业团队的第二条标准。

一提起创业，很多人心里就会浮现出90后年轻创业者的形象，其实，在更多的情况下，靠谱的创业者往往是成功创业两三次甚至四五次的连续创业者。或许他们最初的创业项目非常小，创始人自身也没有积累足够的信用，但他们能连续将几个公司逐渐做大被成功并购甚至上市，使得自己不仅在这个过程中积累了足够的信用，同时也积累了深厚的企业经营经验，那么他们在下一段创业中成功的概率也会比较大。

这样的创业者是VC [1] 偏爱的。国外有很多优秀的VC本身具有

---

[1] Venture Capital，风险投资，简称VC。

广泛的人脉，特别是对于很多创业者了如指掌。他们常常会系统地记录和跟踪一名创业者的信用累积过程，甚至参与这名创业者之前的创业项目。在这个伴随的过程中，VC可以更容易地找到比较好的企业，创业者也会积累丰富的经验和良好的信用。

除了对于CEO个人能力的考察，对于其道德的考察也非常重要，这方面的考察甚至涉及创始人的家庭背景。这与美国大选时，选民常常要考察总统候选人的家庭背景如出一辙——一个连家庭事务都处理不好的人谈何治国。所以创始人的家庭是否和睦也是一些投资人考虑的因素，假如一个CEO对自己的妻子隐瞒资产，那他的道德有可能会有问题——一个连自己最亲近的人都无法寄予信任的人，值得合作伙伴、投资人信任吗？

所以，判断一个团队好不好，首先要看CEO是不是有足够多的经验，特别是CEO有没有良好的既往历史和信用累计，用信用来证明自己具备良好的企业经营管理的理念和头脑。

另一方面，一个企业要在科技上非常领先，必须有一位非常厉害的首席科学家，而且这位科学家可以很年轻。这是印证一家企业是否优秀的第三条标准。

在我们的印象中，很多科学家都是白发苍苍，实际上，很多科学家在取得能够获得诺贝尔奖的成功的时候往往非常年轻。1993年，年仅39岁的中村修二发明了蓝光二极管，然而获得诺贝尔奖已经是20年之后。这是因为，学术界的认可往往有一定的滞后性，而市场对于技术的认可常常先于学术界的认可，很多对未来有巨大影响的学术成果刚刚问世，就被慧眼如炬的企业家"盯上"，把科研成果转化成产品，从而推动社会进步。

所以，好的科技企业往往就是"双长制"：有一位岁数较大的资深CEO，和一位做出突破性成果的年轻科学家。

在美国，这样的企业不胜枚举，MC10就是一家典型的"双长制"企业。这家以生产可穿戴电子产品闻名的科技公司，现任CEO叫斯科特·波默朗茨（Scott Pomerantz），是一位经验丰富的职业经理人，曾经用七年时间带领Global Locate公司成功研发出高性能GPS定位产品，被全球主要手机厂商使用，在全面挤占市场之际成功地以1.46亿美元的价格被博通收购。被博通收购后，斯科特·波默朗茨又顺理成章地成为博通的高级副总裁，直至接任MC10的CEO。

MC10的另一位创始人，是大名鼎鼎的伊利诺伊大学教授、美国国家科学院院士约翰·罗杰斯（John Rogers）。约翰·罗杰斯教授在柔性电子传感器和电路部分有很多发明，可以说，MC10就是约翰·罗杰斯教授孵化出来的科技企业。这家公司的技术依托于自身的研究成果，其技术壁垒非常高。

在美国，有大量如同MC10的"双长制"企业。不过，有两点需要注意。

首先，不是所有的行业都必须有一位年龄较高的CEO，典型的行业就是游戏。游戏行业的主要消费群体是年轻人，那么，懂得年轻人心理、了解年轻人消费习惯的CEO就比较合适，而这样的CEO常常比较年轻，而且他自身很可能就是游戏的典型用户。

其次，企业在不同的成长阶段，会需要不同类型的、经验丰富的CEO，这样的例子屡见不鲜。

比如上文中提到的MC10公司，其实最开始公司在做产品研发时，当时的CEO是一位研发型CEO。到2014年左右，产品的研发基本完成，MC10开始考虑开拓全球市场。这时，这位研发型CEO就不太适合继续做领头羊了，所以他主动让位，没过多久，斯科特·波默朗茨接任CEO职位，直到今天。

另外一家知名的智能投顾创业公司Wealthfront也是如此。如果你对这家公司有所了解，你会发现他们在短短九年之内换了四任CEO！在中国，很少有企业创始人会让一个经验丰富的专业人士取代自己成为公司的CEO。然而在Wealthfront，更换CEO仿佛是一件再普通不过的事，而且，他们不是因为经营不善才更换公司高管的，事实上，更换CEO是Wealthfront根据不同阶段发展做的战略调整。

Wealthfront的第一任CEO，由联合创始人丹·卡罗尔担任。出身金融数据公司的卡罗尔在27岁时经历了金融危机，他意识到可靠、便宜的财富管理十分重要，所以下决心创立了Wealthfront的前身kaChing——一家在线投资网站。2011年，公司转型做智能投顾，当时丹·卡罗尔急需一大批工程师，所以毫不犹豫将CEO的位子让给了他的合伙人、大名鼎鼎的投资人安迪·雷切莱夫，希望借助他在硅谷的广泛人脉来吸引人才加入。2014年，当遇到亚当·纳什（Adam Nash）——这个既有一家投资俱乐部，又有一批斯坦福工程师支持，还曾操盘领英病毒式增长的大佬后，安迪·雷切莱夫又主动让出了CEO之位。2016年底，Wealthfront陷入增长困境，精通企业战略的安迪·雷切莱夫又强势回归，为Wealthfront的未来发展重新规划路线。

总结起来，评判一个团队的三条黄金定律就是：董事会里是否牛人满座，是否有一个经验丰富、有成功案例、又有良好信用的CEO，是否有一位做出了杰出科研成果的首席科学家。这三条标准是我们从韦小宝身上学到的，也是判断一家企业是否优秀的侧面证据。

第五章

展示结果，验证结论

　　本章将教会你如何将分析过程和分析结果展示出来，你的分析结论再富有洞见，如果不能清晰地展现出来也是不够的。

　　在生活中，我们多多少少都会遇到这样一类朋友：他们肚子里都是墨水，脑中充满绝妙的想法，可就是表达不出来，说话啰啰唆唆，半天抓不到重点，让别人听得云里雾里，不知道他要做什么。

　　造成这种问题的一个很大原因就是，表达的结构不对，这一章就来教你一种叫作"金字塔结构"的表达方式。

　　"金字塔结构"是一种常用的报告结构呈现方式，本章将着重讲述如何使用"金字塔结构"，有条理地构建整个报告。在日常的工作、生活中，写报告、做展示是我们都会遇到的事，这种"金字塔结构"将会帮助你轻松应对这类场合。

　　本章将迎来行业分析心法第六课"科研成果转化型企业的最佳投资时机"。如果你是一位股民，你一定知道有很多非常年轻却已经上市的科技企业。科技创新企业，特别是科研成果转化型企业都会经历一个生死拐点，如果你在拐点到来之前投资了这家公司，不仅风险过高，而且常常几年内都很难获得回报。

这一课将教会你判断这类企业的拐点何时到来，帮助你在投资的时候少走弯路。

本章核心目标	展示分析过程及结论，验证分析
本章核心技能	通过练习本章节内容，你将： 1. 掌握行业分析报告的写作原则 2. 掌握提升分析能力的方法
难　度	★★★
行业分析心法第六课	科研成果转化型企业的最佳投资时机

01　金字塔原则

　　金字塔原则是一种层次性、结构化的思考、沟通和写作工具。发明这种工具的人，是麦肯锡顾问公司史上的第一位女性顾问芭芭拉·明托。

　　金字塔原则要求表述者（写作者）在写作之前先对那些提纲挈领的中心思想进行归类。中心思想可由3~7个论据支持，这些一级论据本身也可以是支持性观点，被二级的3~7个论据支持，如此延伸，状如金字塔。支持性观点可以是归纳推理，也可以是演绎推理。

　　金字塔原理其实就是以结果为导向的逻辑推理过程，如图5-1所示。其中，越往金字塔上层的论述，价值越高。

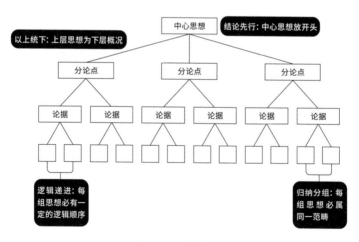

图5-1 金字塔原则示意图

需要注意的是，对于金字塔原则每一层的支撑论据，需要符合MECE原则。支持结论的一级分论点之间均保持"相互独立，完全穷尽"，且支撑一级分论点的二级论据之间也满足"相互独立，完全穷尽"。如果你还没有熟练掌握MECE原则，不妨翻到第二章第三节复习一次。

了解了金字塔原则，很多事情就解释得通了。比如为什么在看咨询公司出具的报告时，"发现和建议"部分永远都出现在一份报告的开头部分；每个二级或三级标题都提纲挈领地概括了本节的核心内容。

金字塔原则中的某些部分可能并不适用于日常的写作，但在对于逻辑性和表达形式要求都比较高的行业分析报告中，金字塔原则对于分析师的帮助还是很大的。更重要的是，它能够帮助你形成一种结构化的思维方法。

那么，金字塔原则具体该如何操作呢？我们选取《前哨·王煜全》栏目在2017年8月3日播出的节目中的一小段节选来分析一下：

> ……很多非技术公司，要是希望利用成熟的技术来实现自己企业的升级，或者实现创新，一定要尽量去选那些相对成熟的技术，在应用领域找到突破口，这是大多数中国企业可以做的事。（这一段为核心论点）
>
> 应用领域，我们认为有三个机会是值得探讨的：
>
> 第一个是：实体培训的虚拟化（分论点1）
>
> 第二个是：远程指导（分论点2）
>
> 第三个是：远程协同（分论点3）

实体培训的虚拟化（分论点1）

混合现实的优势是把现实的东西虚拟化，这样原来很稀缺的现实资源就容易被大量共享了，而且可以还原到显示场景中，取得真实动手的效果。（**论据1**）

比如STEAM教育……STEAM教育就需要有大量的动手培训。问题是这会给学校带来很大负担。比如说你要组装机器人，学校就要采购各种各样的零件装备，所以实际上开展起来非常难。

有了混合现实系统，学校就可以进行大量的虚拟实验。比如在STEAM教学课的时候，戴上混合现实的眼镜，利用混合现实里提供的虚拟工具，组装一枚火箭。……当然，一切都是虚拟，所以爆炸也没有危险，更不用说采购那么多复杂设备带来的巨大成本了。（**论据2**）

远程指导（分论点2）

这个机会的核心是，因为有了这样的远程协作工具，所以一个最牛的核心团队，甚至哪怕只是一个人，也可以指挥一堆多面手，去完成原来这些多面手做不到的复杂任务。很多远程维护、维修的场景都是这个范畴的。

比如说电力水管系统的维护，往往需要很多人深入一线。那个活又脏又累，如果想找到足够多的技术水平很高的人去做这样的艰苦工作，肯定非常难。如果你让初级的人去做，他又缺

乏足够的技能。这个时候，你用远程指导的方式就能顺利地解决这些问题了。（**论据1**）

远程协同（分论点3）

远程协同是一群牛人，大家各自领域不同，每个人有不同的长板，大家组成一只新木桶，在不同的地方，借助虚拟的协同平台合作。

最典型的场景就是产品的协同研发。

现阶段的科技产品开发最主要的矛盾就是一边希望有大众的广泛参与，而另一边研发的门槛越来越高。门槛高就高在很多产品不是单一的研发就能解决的，往往需要多个团队协同研发。

比如手机，你不光要保证它的芯片运算速度好，还要保证屏幕的分辨率足够高，还要电池耗电低，所以往往需要不同能力的人一起协作。

以前的协作，要么大家物理上聚在一起，要么就只能变成一条流水线。有了混合现实，这样的远程协同就不一定非得大家聚在一起了。（**论据1**）

通过上面这个例子，你可以看到一个金字塔状的结构。这种结构清晰明了，对于叙述复杂事务非常有帮助。

按照下面的框架梳理出你的观察和分析：

题目：＿＿＿＿＿＿＿＿＿＿＿＿＿

1. 前言

1.1 研究背景

- -

- -

- -

1.2 研究内容

- -

1.3 定义与分类

1.4 研究方法

2.主要发现和建议

（1）

（2）

（3）

（4）⋯⋯⋯⋯⋯⋯⋯⋯⋯⋯⋯⋯⋯⋯⋯⋯⋯⋯⋯⋯⋯⋯⋯⋯⋯⋯⋯⋯

⋯⋯⋯⋯⋯⋯⋯⋯⋯⋯⋯⋯⋯⋯⋯⋯⋯⋯⋯⋯⋯⋯⋯⋯⋯⋯⋯⋯⋯⋯⋯⋯

2.1 发现（1）

⋯⋯⋯⋯⋯⋯⋯⋯⋯⋯⋯⋯⋯⋯⋯⋯⋯⋯⋯⋯⋯⋯⋯⋯⋯⋯⋯⋯⋯⋯⋯⋯

2.1.1 分论点1

⋯⋯⋯⋯⋯⋯⋯⋯⋯⋯⋯⋯⋯⋯⋯⋯⋯⋯⋯⋯⋯⋯⋯⋯⋯⋯⋯⋯⋯⋯⋯⋯

⋯⋯⋯⋯⋯⋯⋯⋯⋯⋯⋯⋯⋯⋯⋯⋯⋯⋯⋯⋯⋯⋯⋯⋯⋯⋯⋯⋯⋯⋯⋯⋯

⋯⋯⋯⋯⋯⋯⋯⋯⋯⋯⋯⋯⋯⋯⋯⋯⋯⋯⋯⋯⋯⋯⋯⋯⋯⋯⋯⋯⋯⋯⋯⋯

2.1.1.1 论据1

⋯⋯⋯⋯⋯⋯⋯⋯⋯⋯⋯⋯⋯⋯⋯⋯⋯⋯⋯⋯⋯⋯⋯⋯⋯⋯⋯⋯⋯⋯⋯⋯

⋯⋯⋯⋯⋯⋯⋯⋯⋯⋯⋯⋯⋯⋯⋯⋯⋯⋯⋯⋯⋯⋯⋯⋯⋯⋯⋯⋯⋯⋯⋯⋯

⋯⋯⋯⋯⋯⋯⋯⋯⋯⋯⋯⋯⋯⋯⋯⋯⋯⋯⋯⋯⋯⋯⋯⋯⋯⋯⋯⋯⋯⋯⋯⋯

⋯⋯⋯⋯⋯⋯⋯⋯⋯⋯⋯⋯⋯⋯⋯⋯⋯⋯⋯⋯⋯⋯⋯⋯⋯⋯⋯⋯⋯⋯⋯⋯

2.1.1.2 论据2

⋯⋯⋯⋯⋯⋯⋯⋯⋯⋯⋯⋯⋯⋯⋯⋯⋯⋯⋯⋯⋯⋯⋯⋯⋯⋯⋯⋯⋯⋯⋯⋯

2.1.1.3 论据3

2.1.2 分论点2

2.1.2.1 论据1

2.1.2.2 论据2

2.1.2.3 论据3

2.2 发现（2）

2.2.1 分论点1

2.2.1.1 论据1

2.2.1.2 论据2

2.2.1.3 论据3

2.2.2 分论点2

2.2.2.1 论据1

2.2.2.2 论据2

2.2.2.3 论据3

2.3 发现（3）

2.3.1 分论点1

2.3.1.1 论据1

2.3.1.2 论据 2

2.3.1.3 论据 3

2.3.2 分论点 2

2.3.2.1 论据 1

2.3.2.2 论据2

2.3.2.3 论据3

2.4 发现（4）

2.4.1 分论点1

2.4.1.1 论据1

2.4.1.2 论据2

2.4.1.3 论据3

2.4.2 分论点 2

2.4.2.1 论据 1

2.4.2.2 论据 2

2.4.2.3 论据3

3. 关键结论

美国每年都有上万家从高校拿到技术授权的小公司，它们唯一的使命就是用5～8年的时间，把技术转化成产品推向市场。这样的企业在研发期间默默无闻，没有产品，没有宣传，但产品一上市就会爆炸性地增长，它们能够改变世界。

知识进阶

安德玛的营销艺术

在2017年的CES展上，有一场与众不同的主题演讲。一般来说，在CES展会做主题演讲的往往是技术公司，比如英伟达、日产、华为，然而这场演讲，来自一家生产体育运动设备的公司——安德玛（Under Armour）。安德玛明明是偏向于消费类品牌的公司，为什么会站在主题演讲的舞台上呢？

安德玛成立至今只有短短21年，凭借骄人的业绩，已经成为耐克和阿迪达斯的强劲对手。这个从专业体育领域和健身房里起家的品牌的聪明之处在于，非常善于将自己包装成技术驱动的公司，并且让消费者为此买单。

做演讲的是安德玛的创始人、主席兼首席执行官凯文·普朗克。他在演讲一开始的时候就表明，安德玛一直是个技术公司，我们就应该站在这个舞台上，因为我们属于CES。

凯文·普朗克在演讲中多次提到安德玛正在积极地引入各种技术，例如Connected Fitness Platform（联网的运动平台），这个平台已经成为最大的数字健康社区，社区中有若干个小应用，例如 UA Record（使用安德玛服饰后的运动数据记录）、MapMyFitness（用图标标注出运动轨迹）等。凯文·普朗克认为，对于安德玛来说，数据已经成为公司发展的新能源，如果一家公司想要有持久的动力，就必须利用数据作为能源。正因为有了大数据的支持，所以安德玛能够对每个客户做深入的分析。若要跟踪到每个客户的每一单交易，就不能只是一个笼统的统计，而应该是每一个细节的数据汇总，以此来形成对整体的理解。

在演讲中，为了将这种理解更通俗易懂地呈现出来，它还做了一系列演示：

> 凯文·普朗克提出了一条理念：你应该更加聪明地运动。疲劳的时候要稍微休息一下，精力充沛的时候再运动。那么，如何衡量自己的肌肉是否疲劳呢？显然，仅凭我们肉体的感知是不准确的。为此，安德玛推出了一款新的运动鞋，运动鞋内置了电子传感器，能够衡量肌肉疲劳程度，同时可以将数据上传，使得衡量肌肉疲劳程度的数据能够被用作大数据分析，然后将结果智能地反馈给用户。这样用户便能随时掌握自己的疲劳程度，从而改善自己的运动。
>
> 为了让大家更直观地感受，安德玛还请来了著名的游泳选手菲尔普斯做示范，菲尔普斯号召全场

若要跟踪到每个客户的每一单交易，就不能只是一个笼统的统计，而应该是每一个细节的数据汇总，以此来形成对整体的理解。

的人一起感受。于是，出现了任何一个 IT 的主题演讲里见不到的场面：全场的听众都被发动起来，一起来运动！相信有很多人被菲尔普斯带动着跳了几下以后，会动心去买这双鞋来试试看。在这个典型的消费类产品的应用场景中，安德玛做得非常成功：让大家能够共同参与，同时让产品的设计理念深入人心。

在这场主题演讲里，安德玛还讲了另外一个故事：

安德玛和约翰·霍普金斯大学共同做了一个关于睡眠的研究，研究发现，规则的睡眠和休息才能让身体达到最好的效果。

为了证明睡眠的重要性，安德玛请来了《赫芬顿邮报》的创始人阿里安娜·赫芬顿（Arianna Huffington），她被认为是美国最成功的女性创业者之一。最近她组建了新公司，专门帮用户改善健康。

阿里安娜·赫芬顿之所以选择再创业，正是因为她在曾经的创业过程中，健康受到了很大损害。所以她毅然辞职，重新围绕睡眠建立了这家新公司，号召大家关注睡眠。

阿里安娜·赫芬顿在台上分享了一个小故事：美国非常著名的橄榄球运动员汤姆·布雷迪（Tom Brady）的运动生涯非常长。运动员通常在剧烈运动下很容易受伤，因此运动生涯往往比较短。但汤姆·布雷迪已经40岁高龄仍然在球场坚持，而且成绩非常出色。他的秘诀恰巧也来自对睡眠状况的关注，汤姆·布雷迪的生活非常规律，从周一到周日，他的起床时间和睡觉时间基本上都保持一致。

故事讲到这里，便迎来了汤姆·布雷迪的分享。汤姆·布雷迪表示，作为运动员仍然保持着良好的睡眠，正是因为他用了一款远红外做布料的床单。远红外的布料能够吸收远红外，让身体保持温暖。但汤姆·布雷迪表示，这个产品有不足的地方，他认为仅有床单是不够的。因为床单只是垫在身子底下，并不能完全保证睡眠的舒适度。他在演讲中对凯文发出提问：你能不能研发一个新产品，让我们每个人都有更好的睡眠呢？

故事讲到这里该抛出产品答案了，安德玛的CEO凯文说，以上的对话实际上是在两年半以前，汤姆·布雷迪向他提出的。

凯文·普朗克用了两年半的时间，将精力都集中于研发并推出新产品——Recovery Sleepware（远红外睡衣），并且在演讲当天发布了这款产品。

到这里，大家才对这场演讲的整体流程恍然大悟，原来凯文·普朗克只不过是要推出一个新产品，却绕了一个如此大的弯儿。而这也正是他高明的地方。试想，如果凯文·普朗克一上台就推出新产品，效果会怎么样呢？凯文·普朗克利用了几个例子将产品更加巧妙地展示，大家便觉得，这款产品是为了响应橄榄球运动员汤姆·布雷迪的呼吁而推出的。而汤姆·布雷迪的呼吁，是建立在自己曾经获得的收益之上的，因此更令人信服。

不得不说，安德玛的营销技巧非常高明。一方面，它积极地拥抱科技，给自己的品牌穿上技术的炫酷外衣；另一方面，它又将情感寄托在产品本身上，让每一个产品背后都有故事可讲。

技术是产品的必要条件，但并不充分。如果想让用户更加充分地了解产品，还需要为产品附加一个具有想象力、可以自传播的故事。很多产品如同安德玛一样，是具有可传递的情感的。若你只谈数据参数和各类指标，消费者未必能够清晰地感知。所以，将理性的数据转换成感性的用户感知，往往能够收到更好的效果。

02 验证结论，迭代分析

恭喜你克服了重重艰难，走到了这一步。

然而，千万不要以为写完分析报告就万事大吉了，工作还远远没有结束呢。一个人应该具备的最重要的能力，就是复盘的能力，从成功中收获经验，从失败中吸取教训。所以，接下来我们要做的就是用时间来验证你的分析和判断是否准确，然后迭代分析。

作为一个负责的分析师，隔段时间你就应该自觉回顾一下，之前你所做的预测到底对不对。经过复盘得出的经验教训，就是你下次做分析的秘籍了。只有通过不停地分析—预测—验证—复盘，循环往复，才能逐渐提高自己的分析能力。

这是一项长期的任务，也是一项重要的任务，它决定了你是能逐步提高自己的分析能力，还是只能原地踏步。

分析报告完成时间：_____年_____月_____日

验证时间：_____年_____月_____日

验证周期：_____个月

报告中提到的_____个关键发现和建议是否准确：

关键发现和建议1：

□基本准确　　　　□略有偏差　　　　□有很大偏差

出现偏差的原因是：

....

....

....

....

....

关键发现和建议2：

□基本准确　　　　□略有偏差　　　　□有很大偏差

出现偏差的原因是：

....

....

....

....

....

关键发现和建议3：

□基本准确　　　□略有偏差　　　□有很大偏差

出现偏差的原因是：

....

....

....

....

....

关键发现和建议4：

□基本准确　　　□略有偏差　　　□有很大偏差

出现偏差的原因是：

....

....

....

....

....

> 优秀的企业符合"双长制"：有一位特别牛的首席科学家，还有一位特别
> 牛的CEO。科学家可以很年轻，但CEO岁数往往比较大，因为CEO要想
> 做出成就，必须有多年的经验积累。

03 专注！专注！再专注！

如果你玩过射箭，就应该知道，一个弓箭手要想射得准，姿势很重要，但摆好姿势只是第一步，只有日复一日地练习，才能成为一个百步穿杨的射箭高手。

作家格拉德威尔在《异类》一书中指出："人们眼中的天才之所以卓越非凡，并非天资超人一等，而是付出了持续不断的努力。一万小时的锤炼是任何人从平凡变成超凡的必要条件。"佛罗里达州立大学心理学教授安德斯·埃里克森在其著作《刻意练习》中指出，天才的唯一秘密，就是在于刻意练习，用自己的一套系统性的方法，不断突破自己的边界。

事实上，人类在成长的过程中在不断突破自我的极限。在1908年的时候，有一个叫海耶斯的人，创造了当时的马拉松世界纪录，是2小时55分18秒。今天，马拉松的世界纪录已经被刷新到了2小时02分57秒。如果一个18 ~ 34岁的男性想要参加波士顿马拉松比赛，那么他的成绩不能低于3小时5分钟，也就是说，1908年的世界纪录在今天刚刚够获得参赛资格。

在这个突破边界的过程中，你需要做的就是投入、专注、反复练习。不论是一万小时理论，还是刻意练习，都揭示了一条真理：杰出不是天赋，是人人均可学会的技巧，只要你投入了足够多的时间和精力。

但刻意练习不是简单地机械式重复，我们每天重复吃饭，也没变成吃饭大师，每天重复骑自行车，也没有变成骑自行车大师。

所以，什么样的刻意练习是有效的呢? 你需要做到以下四点:

不断设立明确的目标

当你完成一个目标后，下一个任务需要比第一个任务的级别高一点点。这样每完成一个新任务,你的边界就突破了一点点,你自己也就进步了一点点。

专注

对于一个分析师来说，专注是最好的武器。分析模型和分析框架只能让你的分析更科学，但对产业的洞见只有通过持久专注的观察和分析才能形成。

不断做反馈，走出舒适区

上一节提到的复盘，目的就在于此。不断地验证自己的预测结果，通过复盘去看为什么预测得准或者不准，总结经验教训。

有问题及时改进

通过复盘得出的经验教训应该成为你做下一次分析时的指导方针。上次分析的不准之处，这一次要加以改正。

什么叫作专家？专家就是将正确的分析思路固化到某个行业当中，形成行业洞察。

现在，你已经掌握了本书中讲的所有技能，掌握了"射箭"的正确姿势。接下来，就要靠你自己日复一日地练习和复盘了。

_____年_____月_____日复盘纪要：

人的绝大多数行为是僵化的，所以巴拉巴西在《爆发》中说，人类行为的93%是可以预测的。改变我们命运的，其实只有少数几个关键时刻，剩下的就是坚持再坚持。

科研成果转化型企业的最佳投资时机

在海银资本的投资历史上，大多数被投企业是以高校科技做依托的硬科技创业公司。它们专注于把高校科技变成产品再推上市，所以又可以称之为科研成果转化型企业。

科研成果转化型企业听上去似乎很"高大上"，但它们的失败率非常高，每年都有上千家初创企业被淘汰出局，存活下来的凤毛麟角。所以，在投资这类企业时，判断其爆发时点非常重要，如果过早地投入，将面临巨大风险，很可能导致自己身陷困境。

那么，如何判断资本方投入的时机呢？核心就是要判断初创企业的爆发拐点。

这类企业有一个特点：其产品研发期一般需要5~8年的时间以及上千万美元的投入，绝大多数科技创新小企业都会倒在这一步。因为在这段时间里，公司几乎是没有任何收入的，并且，随着研发的深入，开销会越来越多。所以，在公司非常幼小的时候，是很难用财务信息这样的传统手段来判断其成长潜力的，这也进一步限制了小企业的融资能力。

但是，这类公司的产品一旦上市，就会迅速挤占市场。它们往往不太符合先扩大用户规模，实现收入，然后再慢慢实现利润的

"两步走"的模式，而是收入和利润同步上升。最重要的是，一旦这些公司的收入和利润进入上升期，它们的估值也会迅速上升，资本这时候想进入就会非常艰难。

这类公司的发展历程如图5-2所示：

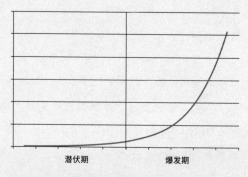

潜伏期　　　　　　　　爆发期

图5-2 科研成果转化型企业的拐点示意图

从上图中可以看出，这些小企业的发展历程中存在一个拐点：产品上市前几乎没有任何收益回报，产品上市后收入和利润迅速上升。

所以，对于资本方来说，最重要的就是寻找公司的拐点，越靠近那个拐点，投资获取的回报就越丰厚。投资的时机非常重要，过早地投入，会由于公司估值增长过于缓慢，资本利用效率低，很长的时间内无法推出，更重要的是风险较大，变数太多；而过晚投入，跨越了拐点，又会因为公司估值迅速上涨，难以获得投入的机会。

那么，如何准确地判断公司的拐点是否即将到来呢？

判断一家公司的拐点何时出现，最核心的一点就是：看这个企业的产品研发是否已经基本完成。产品研发越接近完成，拐点就越接近出现。

更重要的是，产品研发接近完成时，很多信息都是已知的，例如有怎样的技术指标、针对什么样的用户市场、用户体验如何。基于这些信息，我们可以对先前不确定的因素做出更为准确的判断，比如，你可以根据产品原型来判断它的市场潜力、产品技术壁垒、未来竞争力等一系列关键要素。

举个例子，海银投资的第一家海外高科技公司叫作 Wicab，这家企业的明星产品叫作 Brainport，是一款助盲电子装置。这个设备外形像一副墨镜，由一根细细的电线连接着一块"棒棒糖"式的塑料片。墨镜上有一个微型摄像头，它会把使用者"看"到的图像拍下来，然后该设备会将图像信息转化成舌头可感受的电脉冲。当使用者把这个"棒棒糖"塑料片放在舌头上时，电脉冲信号就会不断刺激舌头表面的神经，并将这种刺激传到大脑，大脑接下来再将这些信号转化成图像。经过不到20小时的培训，盲人就可以辨别出这些图像信息了。

Wicab 的技术来源于威斯康星大学麦迪逊分校的教授保罗·巴赫·利塔，而利塔教授就是 Wicab 的创始人。他本人也是现代神经科学最大的一个进展——神经可塑性的最重要的发现者之一。在研究中，利塔教授发现，我们是在用大脑看世界，而不是用眼睛，因为眼睛将外界的光信号转换成电信号，之后将电信号传递到大脑里，但这一堆电信号是杂乱无章的，实际上，所有的合成功能都是由大脑的视觉区——大脑枕叶这部分区域完成的。绝大多数盲人只是感光系统出了问题，但大脑的视觉区功能完好无损。如果能用其他信号传输方式将信息传到大脑的视觉区，不就能重新构建3D外部世界了吗？

实验结果证明了他的推断。利塔教授刚开始做的模型是在人体

一名女子在演示 Wicab 的产品

的背部进行脉冲刺激，实验在初期就得到了很直接的结果。比如当刺激盲人的后背时会给他一些英文字母，让盲人猜是什么字母，盲人可以清楚地猜出来。后来为了使产品更加便携，利塔选择了用400个微小的电极去刺激舌头，效果一样甚至更加精准，因为舌头上密布的神经的感知能力比后背强很多。至此，产品的原型就出来了。

2011年，Wicab 的第一代产品 BrainPort V100 盲人助视器研发完成，该产品是全世界唯一的无创替代视知觉的盲人辅具。从 2010年起，Wicab 历时三年完成了临床实验。在 75 位临床测试中，未发现一例相关不良事件。临床显示，全盲视力残疾者在使用 BrainPort V100 一年后，成功识别物体的概率为 91.2%。辨识英文单词和室内标识标志的成功率也达到了57%。2013年，BrainPort 获得欧盟 CE认证 [1] 和加拿大卫生部认证。就在同一年，海银投资了 Wicab。

---

[1]欧洲合格认证规定大部分在欧洲经济区（EEA）销售的产品，都需要印上CE标志。该标志代表产品制造商或服务提供者确保产品符合相应的欧洲联盟指令且已完成相应的评估程序。

当时，Wicab还没有拿到真正意义上的机构投资，只是凭借谷歌和美国国防部的资助以及个人融资支持研发，所以海银可以说是Wicab真正意义上的第一个机构投资人。

当时，Wicab尚未取得FDA认证，然而其市场前景已经非常明朗了。在中国，视力残疾人口超过1223万，其中绝大部分是盲人。以5500美元的预期价格来计算，产品一旦通过FDA认证进入量产，单单中国就会是一个上百亿美元的市场！

基于对其产品的充分了解，海银选择了在这个时点进入。事实证明，海银进入的时间非常接近Wicab的拐点：2015年，Wicab获得FDA认证，同一年，Wicab开始在北京盲校的孩子们中试用。

与此同时，Wicab也在积极寻求在中国建厂，以期降低成本，让更多的人受益。如果在中国实现量产，其成本将进一步降低，加上政府、残联等机构的补贴，到那时，每个盲人都将负担得起一

北京盲校的孩子在试用Wicab的产品

台Brainport，每个盲人都将"看"到这个世界的一草一木。

另一个典型的例子是Active Protective，这是一家生产小型医疗器械的公司，其明星产品是一条智能腰带。这条腰带实际上是一个气囊，内置了3D运动传感器，当传感器检测到要跌倒的异常动作时，可以通过冷气增压泵，在臀部两侧位置产生一个安全气囊区域，就像汽车安全带的安全气囊一样，给气囊充气。整个过程时长不超过60毫秒。穿戴者撞击地面时，气囊可以有效抵消掉对髋骨90%的冲击力。与此同时，腰带还会通过蓝牙寻找附近的紧急救援。

Active Protective的CTO罗伯特·巴克曼（Robert Buckman）曾经是宾夕法尼亚州圣玛丽医学中心创伤外科的高级手术医师，拥有100多篇学术论文和超过15项专利。在圣玛丽医学中心工作时，他发现，老年人因摔倒而引起的手术非常频繁，而且髋部骨折给老年人带来的损伤往往是致命的。于是，他就萌生了制作这样一条气囊腰带的想法。2003年，巴克曼就开始为这个想法注册专利，从最开始的可穿戴式安全气囊设计到集成传感器和控制器进行主动防护，到整体系统设计和算法的优化，整个研发时间经历了超过10年的专利和临床经验的积累。

这家公司在2017年美国创新大会"西南偏南"上被评为医疗领域最火的八家初创公司之一。值得注意的是，Active Protective应该很快就会进入拐点。2015年，这家公司的产品已经开始在人体上进行实验，也就是说，其产品研发已经基本完成，很快就会进入市场化的阶段。这是资本方进入的绝佳时机。

这款产品主打的消费对象是老年人群体。我们可以推算出大致的市场空间：以中国为例，截至2015年底，65岁及以上人口超

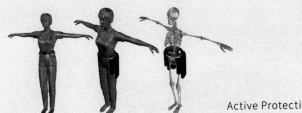

Active Protective产品示意图

过1.4亿人，占总人口的10.5%。而据美国亚特兰大疾病防控中心调查，在65岁以上的老年人中，每年每三个人当中就会发生一次摔倒，如果因摔倒而发生髋部骨折，那么1/4的患者将会在接下来的12个月内死亡，1/4的患者将无法独立生活。即使能够生存，生活质量也非常低，几乎所有人的髋关节都无法愈合。所以，相比动辄几十万的人工关节置换手术，如何防止老人受伤才是王道。在老龄化成为全球趋势的今天，该产品显然有着巨大的市场空间。

一些聪明的投资方已经看到了机会，争先恐后地投入。2016年11月，Active Protective获得了260万美元的种子轮融资，至此，它已经累计得到了560万美元的融资，成为近年来医疗可穿戴领域的一匹黑马。

总结来说，一个聪明的投资者不仅需要判断被投资公司的技术壁垒、市场前景如何，还要在恰当的时机投进去，也就是要判断这家公司的拐点何时出现。对于科研成果转化型企业来说，产品研发一旦基本完成，爆发式增长的拐点也就不再遥远。

关于作者

　　看到这一页，相信你已经完成了属于你自己的这本书，你应该为你自己而骄傲，没有你的努力，这本书只是失去了灵魂的躯壳而已。现在，这本书里已经融入了你的智慧和心血，它将成为你努力付出的证明。把你的介绍写在下面，并且骄傲地签上你的大名吧！

　　这是你的最后一个任务。希望这本书日后能常伴随你左右，在你遇到困难不知所措的时候告诉你解决问题的方法；在你遇到挫折的时候，翻到这一页，想想自己曾经学会了什么，眼前的问题能否用所学来解决，然后重整旗鼓，蓄势待发。

作者介绍

作者签名：

图书在版编目（CIP）数据

学会洞察行业：写好分析报告的 6 堂实战课 / 王煜全著 . -- 北京：北京联合出版公司，2018.5（2024.10 重印）

ISBN 978-7-5596-1680-7

Ⅰ . ①学… Ⅱ . ①王… Ⅲ . ①职业－研究 Ⅳ . ①C913.2

中国版本图书馆 CIP 数据核字（2018）第 023617 号

学会洞察行业：写好分析报告的6堂实战课

作　　者：王煜全
出 品 人：赵红仕
出版监制：刘　凯　马春华
选题策划：联合低音
责任编辑：云　逸
特约编辑：李心怡
封面设计：奇文云海
内文排版：聯合書莊

北京联合出版公司出版
（北京市西城区德外大街83号楼9层　　100088）
北京联合天畅文化传播公司发行
北京美图印务有限公司印刷　　新华书店经销
字数122千字　　880毫米×1230毫米　　1/32　　9印张
2018年5月第1版　　2024年10月第11次印刷
ISBN 978-7-5596-1680-7
定价：49.80元